자본주의의 감시자들

: 기업지배구조와 대리인 문제

우리 사회의 기업 병폐와 추문을 파헤쳐 솔루션을 찾아보자

자본주의의 감시자들

: 기업지배구조와 대리인 문제

글·그림 최종원

신영사

머리말

본서는 기업의 임직원 및 정부 공무원, 일반인들이 기업지배구조에 대한 이해의 폭을 높일 수 있도록 가능한 한 쉽고 간결한 문장으로 작성되었다. 또한 기업지배구조와 관련된 다양한 학부 및 일반대학원, MBA 수업에서 교재로 활용가능할 것으로 기대된다.

우리나라에서 기업지배구조와 관련된 이슈가 실질적으로 부각된 시점은 1997년 IMF 외환위기 이후이다. 1997년의 외환위기를 겪으면서 우리나라 사회 전반에서 기업지배구조의 중요성이 중요한 문제로 인식되기 시작하였다. 우리나라의 주요 대기업들과 금융기관들이 도산하는 과정에서 경영자의 도덕적 해이moral hazard와 분식회계, 횡령, 배임 등 뿌리 깊은 병폐와 추문들이 세상을 향해 터져 나왔다. 이로 인해 기업지배구조 개선을 위한 노력이 정부의 주도 아래 이루어졌다.

IMF 외환위기를 불러온 대기업과 금융기관 경영자들의 도덕적 해이, 분식회계, 횡령, 배임 등은 결국 주식회사제도의 소유와 경영의 분리에서 기인한 대리인 문제이며, 정부와 민간에서 대리인 문제를 기업지배구조 개선이라는 통제 시스템을 통해 해결하고자 하였던 것이다. IMF 외환위기 이후 경영투명성을 높이기 위한 정부와 민간의 노력들이 계속 이루어졌다.

IMF 외환위기 이후 20년 이상의 세월이 흘렀다. 학계에서 전문용어로만 사용하던 '기업지배구조'란 용어는 일반 대중에게도 매우 친숙하게 되었다. 그동안 기업지배구조 개선을 위한 많은 노력들이 이루어졌지만 우리 사회의 문제점은 여전히 존재하고 있다. 단순히 다른 나라의 기업지배구조를 그대로 모방하는 것만으로는 우리 사회의 기업지배구조 문제를 완전히 해결할 수 없다는 교훈도 얻게 되었다. 무엇보다 우리 기업에 맞는 한국형 기업지배구조 구축이 중요한 시점이다. 본서가 기업지배구조와 관련된 우리 사회의 논의를 진행하는 데 유의미한 하나의 디딤돌이 되었으면 하는 바람으로 본서를 저술하였다.

저자가 배움의 길을 가는 데 학문적 등대가 되어주신 연세대학교 회계학의 큰 스승이신 이경태 교수님께 깊이 감사드린다. 본서를 출간하는 데 많은 도움을 주신 신영사의 권영섭 대표님과 편집부 박지영 국장님, 임직원분들께 깊은 감사말씀을 전한다. 마지막으로 책을 집필하는 모든 과정을 함께해준 사랑하는 벗이자 연인인 아내에게도 이 자리를 빌려 가장 큰 고마움을 전한다.

2020년 3월

저자 올림

차 례

제1장 대리인 이론 관점에서의 기업지배구조

제2장

인센티브 보상계약을 통한 대리인 문제 해결

제3장

이사회의 모니터링을 통한 대리인 문제 해결

제4장 회계정보와 외부감사를 통한 대리인 문제 해결

제5장 투자은행과 애널리스트를 통한 대리인 문제 해결

제6장 기관투자자, 외국인투자자를 통한 대리인 문제 해결

제7장 채권자, 금융기관을 통한 대리인 문제 해결

제8장

주주의 적극적인 행동을 통한 대리인 문제 해결

제 1 장

대리인 이론 관점에서의 기업지배구조

본장에서는 다음과 같은 내용을 다룬다.

- 자본주의와 주식회사제도
- 대리인 이론
- 기업지배구조
- 기업지배구조의 분류

자본주의와 주식회사제도

자본주의는 기업이 이윤추구를 목적으로 자본투자를 하는 사회로, 산업혁명을 거쳐서 성립된 경제제도이다. 자본주의에서 근간을 이루는 기업은 이윤추구를 목적으로 인적자원과 물적자원을 결합하여 재화를 생산 또는 재생산하여 고객에게 인도하거나 서비스를 제공하는 조직이라 할 수 있다.

자본주의 사회에서 가장 대표적인 기업의 유형은 주식회사이다. 물론 자본주의 사회에서 가장 많은 수를 차지하고 있는 기업의 유형은 개인기업이다. 그러나 자본주의 사회의 대표적 기업 유형을 주식회사로 보는 이유는 자본주의 사회에서 주식회사가 창출하는 이윤이 전체 기업이 창출하는 이윤의 약 90%의 비중을 차지하고 있기 때문이다.[1]

〈표 1.1〉 기업 유형별 차이

	소유주	법적 책임	자본조달의 용이성	위험분산	소유와 경영의 분리
개인기업	1인	무한책임	×	×	×
파트너십	2인 이상	무한책임	×	×	×
주식회사	주주	유한책임	○	○	○

오늘날과 같은 자본주의의 발달은 주식회사제도와 함께 이루어 온 산물이다. 주식회사는 다른 형태의 기업 유형에 비해서 다음과 같은 장점을 지닌다.

첫째, 주식회사의 주주는 회사의 파산시에 자신이 출자한 금액 한도 내에서만 책임을 지니는 유한책임limited liability을 지닌다. 주식회사의 주주는 회사가 지닌 손실에 대한 부담이 한정되어 있다. 즉 주식회사의 주주는 자신이 투자한 금액만큼만 책임을 지니면 된다. 반면 개인기업의 소유주나 파트너십의 파트너는 자신이 투자한 금액 이외에도 자신의 사유재산까지도 손실의 책임을 갖게 되는 무한책임unlimited liability을 지닌다.

예를 들어 백만원의 부채가 있는 주식회사에 십만원을 투자한 주주가 있다고 가정해보자. 주식회사가 파산할 경우, 주주는 백만원 모두를 갚아야 할 책임을 지니는 것이 아니라, 자신이 투자한 십만원에 한정해서만 책임을 지면 된다. 반면 개인기업의 소유주나 파트너십의 파트너는 투자한 금액뿐만 아니라 자신의 사유재산까지 손실의 책임을 져야 한다. 즉 개인기업의 소유주나 파트너십은 백만원 모두를 갚아야 한다.

둘째, 주식회사는 자본조달이 용이하고 대규모 자본 형성이 쉽다. 주식회사의 소유권은 소규모 금액인 주식으로 분할되어 있기 때문에, 투자자들은 소액의 자금만으로도 주식회사에 투자가 가능하다. 대규모 자본을 지닌 단체는 물론 일반 대중도 주식에 대한 투자가 쉽게 접근 가능하므로 상대적으로 자본조달이 용이하다.

예를 들어 회사 설립을 위해 1억원의 자본조달이 필요하다면, 개인기업의 경우 자신 또는 주변의 지인으로부터 1억원을 조달하기 위한 노력을 기울여야 하지만, 주식회사는 주식 발행을 통해 일반 대중으로부터 자본조달을 받을 수 있다. 또한 1억원을 혼자서 모두 투자하는 것보다 여럿이서 나누어 투자하는 것이 더 쉬우므로 대규모 자금조달이 용이하다.

셋째, 위험분산이 가능하다. 개인기업처럼 한 사람이 자본을 모두 투자하여 위험을 지게 되는 것이 아니라, 주식회사는 다수의 주주가 함께 투자함으로써 위험을 분산시킬 수 있다.

과거 동인도회사가 대표적인 예이다. 인도로 가는 바닷길을 개척하기 위한 사업에 한 사람이 자본을 모두 투자했다가 사업이 실패할 경우 감당하게 될 위험은 매우 컸다. 이에 다수의 투자자들을 모아서 함께 투자함으로써 위험을 분산시켰다. 이 과정에서 설립된 회사가 동인도회사이다. 주식회사는 주식을 다수의 투자자들에게 매각함으로써 위험을 분산한다.

[그림 1.1] 위험분산가능

자본주의의 대표적인 기업 유형인 주식회사제도는 앞서 살펴본 바와 같이 다른 기업 유형에 비해 뚜렷한 장점을 지닌다. 그러나 주식회사제도에도 단점이 존재한다. 가장 대표적인 단점은 본서에서 다루고자 하는 소유와 경영의 분리에서 나타난 기업지배구조 문제governance problem이다. 오늘날 자본주의 사회는 주식회사제도와 함께 발전해 왔으나, 주식회사제도는 많은 병폐와 추문scandal을 양산시켰다.

본서에서 다루는 주식회사제도의 기업지배구조 문제는 다양한 이론적·학문적 틀에서 발전해 왔으나, 가장 대표적인 이론은 대리인 이론이다. 본서는 대리인 이론의 관점에서 기업지배구조 문제를 논하고자 한다.

대리인 이론

대리인 이론Agency Theory은 젠센Jensen과 메클링Meckling에 의해서 처음 제기된 이론이다.[2] 대리인 관계the agent relationship는 한 사람 이상의 사람들이 자신이 보유한 의사결정권을 다른 사람에게 위임함으로써 성립된다. 즉 주인the principal과 대리인the agent 간의 관계를 의미한다. 이러한 대리인 관계하에서 대리인들이 자신의 사적 이익을 극대화하기 위한 기회주의적인 의사결정을 하면서 수없이 다양한 문제들을 발생시킨다. 예를 들어 대리인들은 주인의 이익을 위해 최선을 다하지 않을 수 있다. 또한 대리인들은 주인의 가장 최선의 이익이 아닌 부분적인 이익에만 관심을 둘 수 있다. 이와 같은 주인과 대리인 관계에서 발생하는 다양한 문제를 대리인 문제agency problem

라고 한다.

대리인 이론을 자본주의 사회에서 가장 대표적인 기업의 형태인 주식회사에 적용하면, 대리인 관계의 주인은 주주이며 대리인은 경영자이다. 즉 주주는 위탁자(委託者), 경영자는 수탁자(受託者)가 된다. 주식회사에 투자한 대다수의 주주들은 자신이 직접 경영에 참여하기에 어려움이 있으므로 자신을 대신할 경영자를 필요로 한다. 그런데 문제는 경영자는 주주의 기대만큼 열심히 일하지 않는다는 것이다.

[그림 1.2] 대리인 문제

벌리Berle와 민즈Means는 주식회사에서 발생하는 대리인 문제의 근본적인 원인은 소유와 경영의 분리the separation of ownership and control에서 기인한다고 하였다.[3] 주식회사 구조처럼 투자자(주주, 주인)와 그를 대신하여 경영하는 경영자(대리인)가 분리되는 경우 필연적으로 대리인 문제는 발생할 수밖에 없다는 것이다.

대리인 문제가 발생하는 요인은 크게 두 가지로, 첫째는 목적불일치goal incongruent이고, 둘째는 정보비대칭성information asymmetry이다.

주인과 대리인은 서로 다른 목적을 지닌다. 주인은 대리인에게 "대리인이 주인의 경제적 이익의 극대화를 위해 일해줄 것"을 기대한다. 그러나 대리인은 주인의 경제적 이익이 아닌 "대리인 자신의 경제적 이익의 극대화"를 위해 일한다. 젠센Jensen과 메클링Meckling은 주주의 이익과 경영자의 이익이 항상 일치하지는 않으므로 대리인 문제는 발생할 수밖에 없다고 설명한다. 인간은 누구나 타인의 이익이 아닌 자기 자신의 이익을 우선시한다는 관점이다.

물론 이상적으로 선량한 경영자가 있다면 주주의 이익을 우선시

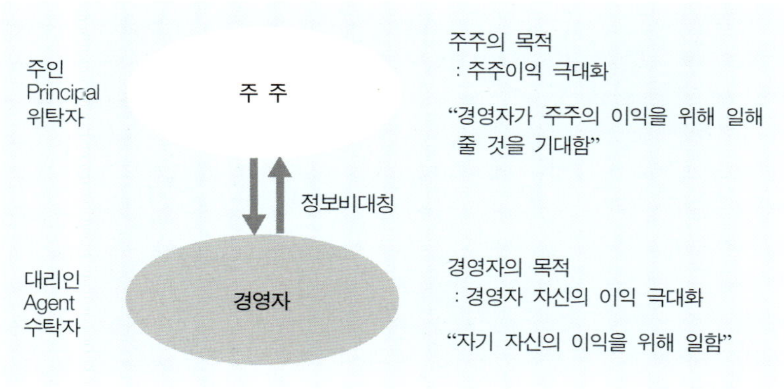

[그림 1.3] 대리인 문제

할 수도 있지만, 각자의 이익을 추구하는 것이 인간의 기본 속성이라 할 수 있다. 오늘날 자본주의 사회에서 주주와 경영자 간의 목적이 불일치함으로써 발생하는 대리인 문제의 다양한 예는 매우 쉽게 찾아볼 수 있다.

〈표 1.2〉 목적 불일치로 발생하는 다양한 대리인 문제의 예

- 경영자가 주주의 이익이 아닌 자신의 이익을 우선시하는 경우
- 경영자가 자신의 가족, 친인척 등을 고용하는 경우
- 경영자가 자기 자리에 안주하여 위험을 회피하는 투자안을 선호하는 경우
- 경영자가 자신의 야망을 위해 사업을 무리하게 확장하는 경우

사례 1.1 경영자가 주주의 이익이 아닌 자신의 이익을 우선시하는 경우

한진해운과 현대상선이 최근 수조원대의 적자를 기록한 상황에서 사주들이 수십억원대의 보수를 챙긴 것은 어처구니없는 일이다. 한진해운의 최은영 전 회장은 2013, 2014년 2년간 회사가 1조 8,000억원의 손실을 기록한 가운데 보수와 퇴직금 명목으로 97억원을 수령했다고 한다. 회사야 망하건 말건 자기 이익만 챙기는 도덕적 해이는 눈 뜨고 봐주기 힘들다. 경영권을 넘겨주었다곤 하나 대규모 적자를 내고 아무런 책임을 지지 않는 것은 대단히 부도덕한 일이다.

보수뿐만이 아니다. 최 전 회장은 한진해운이 채권단공동관리(자율협약)를 신청하기 직전 자신과 두 딸 소유의 회사 지분을 전량 팔아치웠다. 선주들과 전임 선장이 승객을 버리고 침몰하는 배에서 탈출했다면 비난받아 마땅하다. 경영난에 처한 회사에 도움을 주기는커녕 자율협약과 구조조정을 앞둔 상황에서 자기만 살

겠다고 소유 주식을 매각하는 것은 극심한 모럴 해저드다. 만에 하나 미공개 내부정보를 이용해 지분을 매각했다면 이는 도덕적 해이를 넘어 범법행위에 해당된다.

현대그룹 현정은 회장도 현대상선과 현대엘리베이터가 최근 3년간 1조 6,000억원의 순손실을 기록했으나 자신의 보수로 모두 73억원을 받았다. 그나마 현 회장은 현대상선 자구계획에 사재 300억원 출연을 약속해 도의적 책임을 지는 모습을 보여 주었다. 반면 최은영 회장으로부터 경영권을 넘겨받은 한진그룹 조양호 회장은 경영권 포기각서를 제출하면서 터미널, 사옥 매각 등 4,112억원의 자구계획을 포함시켰으나 사재 출연에 대해서는 한마디 언급이 없는 상태다.

정부 당국은 조선, 해운 등 구조조정 대상 기업의 사주와 경영자의 도덕적 해이에 대해 철저하게 단속해야 한다. 해당 기업들의 극심한 경영난이 세계적인 불황에 기인한 것이긴 하지만 그렇다고 부실경영의 책임이 사라지는 건 아니다. 사주와 경영진이 기업 회생의 의지조차 보이지 않는다면 구조조정과 정부 지원이 효력을 발휘하기 어렵게 된다. 이런 점을 감안하면 도덕적 해이에 대해 일벌백계해야 마땅하다. 금감위는 약속대로 철저한 조사를 통해 책임을 물어야 할 것이다.

출처 : 국제신문, "회사 망하건 말건 제 이익만 챙기는 도덕적 해이," 2016.4.26

사례 1.2 경영자가 자신의 가족, 친인척 등을 고용하는 경우

불법 의료생협·재단을 설립한 뒤 일명 '사무장 병원'을 문어발식으로 확장하면서 국민 세금으로 지원되는 요양급여 1천352억원을 빼돌린 일당이 경찰에 붙잡혔다. 이들은 자녀나 친인척을 직원으로 허위로 올려 고액 월급을 주는가 하면 법인 명의로 고가 외제차량을 사서 운행하고 법인카드도 사적으로 유용한 것으로 드러났다. 병원 1개 이상을 개설할 수 없는 의사와 달리 다수 병원을 만들 수 있는 의료생협의 특성을 노려 A씨와 D씨는 문어발식으로 병원을 확장해 수익을 올렸다. 특히 A씨는 한국 국적을 포기한 자녀 2명에게 법무팀장, 원무과장 직책을 주고 일주일에 몇 번 출근하지도 않는데도 매달 500만~600만원씩 5년여간 모두 7억원 넘게 지급했다. 또 법인 명의로 산 9천만원짜리 아우디 차량을 자식에게 이전해주기도 했다고 경찰은 전했다. B, C씨도 친인척을 직원으로 허위 등재해 고액 급여를 주고 법인 명의로 산 벤츠, BMW 등 고급 외제차를 운행하기도 했다. 경찰이 A, B, C씨의 법인카드 사용처를 조사해보니 해외여행 경비, 유흥업소, 식사, 백화점 쇼핑 등 사적인 지출 내역도 상당수 나왔다. 또한 자식의 월세, 법인 차량의 교통범칙금 등을 국민 세금인 국민건강보험공단 요양급여로 지출했다.

출처 : 연합뉴스, "불법 '사무장병원' 문어발식 확장… 세금으로 '호의호식'," 2018.10.29

사례 1.3 경영자가 자기 자리에 안주하여 위험을 회피하는 투자안을 선호하는 경우

"주력기업의 경영자들이 관료가 돼버렸습니다. 반짝이는 아이디어도 보고라인을 타고 올라가는 사이에 빛을 잃어버립니다."

19일 서울경제신문 회의실에 모인 산업 전문가들은 기업가 정신을 잊은 경영자들이 산업 부실을 자초하고 있다고 진단했다. 이종우 IBK투자증권 리서치센터장은 "기업은 본래 하이 리스크 하이 리턴을 하는 존재"라며 "외환위기의 트라우마 탓인지 경영자들이 리스크를 안 짊어지려는 경향이 강하다"고 짚었다. 이어 "경영자들이 수조원을 들여 부동산을 사거나 주주를 달래기 위해 배당률을 높이는 행보를 보이고 있다"며 "고도성장을 이끌었던 기업가 정신을 완전히 망각한 것"이라고 우려했다.

전문가들은 경쟁국가의 추격을 뿌리치기 위해 기업가 정신을 반드시 회복해야 한다고 강조했다. 신승관 한국무역협회 국제무역연구원장은 "시장이 큰 중국은 규모의 경제가 작용하기 때문에 범용제품에서는 우리가 뒤질 수밖에 없다"며 "과감한 투자로 초격차 기술을 확보하지 않는다면 결국 중국에 잠식당할 것"이라고 경고했다. 문승욱 산업통상자원부 산업혁신성장실장은 "큰 내수시장은 중국에 기회이자 독"이라며 "품질이 떨어지더라도 시장에서 자국 제품을 사주니 현실에 안주할 수 있다"고 했다. 문 실장은 "'배수의 진'을 치고 성장해온 우리는 분명 다르다"며 "삼성전자나 SK하이닉스가 보인 과감한 투자 행보를 참고할 필요가 있다"고 말했다.

유환익 한국경제연구원 혁신성장실장은 "반도체 라인 하나 까는 데 조 단위의 투자가 들어가는데 중국 빼고는 이 정도 투자를 결정할 수 있는 곳이 많지 않다"고 했다. 유 실장은 "우리는 선제적으로 투자를 진행한 만큼 기업가 정신을 되살려 적시에 투자만 이어간다면 경쟁력을 유지할 수 있을 것"이라고 말했다.

출처 : 서울경제, "경영자가 관료로… 고도성장 이끌었던 기업가 정신 회복을," 2018.7.19

사례 1.4 경영자가 자신의 야망을 위해 사업을 무리하게 확장하는 경우

원료의약품 기업 팜스웰바이오는 웨딩사업에 투자했다가 유무형의 손실을 봤다. 지난 2016년 팜스웰바이오는 5억원가량을 출자해 팜스웨딩에 투자했다. 현재 팜스웨딩은 재무 상황이 악화돼 고객들에게 돈을 받고도 계약된 서비스를 제공하지 않아 업계에서 논란이 되고 있다. 지난해 하반기부터 팜스웨딩의 부도설이 있었지만 고객들은 최첨단 바이오 상장회사의 계열사라는 점을 신뢰했다. 고객들 일부는 팜스웨딩을 상대로 고소장을 접수한 상태다. 팜스웰바이오는 팜스웨딩의 지분 40%를 보유한 대주주지만 단순 지분 투자라는 이유로 경영상 책임이 없다고 말한다. 하지만 웨딩업체가 팜스라는 사명을 사용했고 소송까지 진행될 경우 이미지 실추가 불가피하다. 지난 2014년에는 사업 다각화의 일환으로 에너지사업부 신설과 함께 경유유통사업에 진출했고 이듬해 1분기에는 매출이 발생하기도 했다. 하지만 국제유가 급락과 환율 변동으로 손실이 커지자 그해 사업을 철수했다. 지난해에는 부동산 분양사업에도 진출했다. 투자자들은 사업 다각화의 탈을 쓴 문어발식 사업 확장을 우려하고 있다. 팜스웰바이오는 의약품원료의 제조 판매가 주요 사업이지만 금융감독원 전자공시상으로는 기타 전문 도매업으로 분류돼 있다.

문어발식 경영으로 도마 위에 오른 기업은 팜스웰바이오만이 아니다. 도자기 회사로 유명한 행남자기는 신재생에너지, 반도체 제조, 면세 관련업 등에 손을 뻗었고 골프장 운영업체를 인수하려다가 재무구조가 악화됐다. 행남사로 사명을 바꾸고 재도약을 추진하고 있지만 주가는 여전히 지지부진하다.

유엠에너지와 합병한 에너전트(구 젬백스테크놀로지)도 액정표시장치(LCD) 모듈 제조를 모태로 한 회사가 신재생 에너지사업에 진출했다는 점에서 한때 시장의 우려를 샀다. 에너전트 주가는 52주 신저가 수준인 3,200원대로 밀려난 상황이다. 에너전트는 젬백스테크놀로지 시절 바이오 사업과 영유아 식품제조 사업까지 진출했다가 몇 년 지나지 않아 지분을 매각하기도 했다. 사명 교체도 3번째라서 투자자들의 혼란을 키웠다. 투자금액이 자기자본 10% 이상인 경우 외부감사를 받아야 해서 투자위험이 줄어든다. 하지만 단순 지분 투자의 경우에는 이를 피해갈 수 있다. 특히 출자받은 기업은 상장회사의 계열회사라는 점을 경영활동에 적극 활용하지만 실상은 연결실적으로 잡히지 않고 외부 평가를 받지 않아 해당 상장사와 관계가 없는 것과 마찬가지인 사업장도 많다.

사업 다각화 차원이 아닌 경영자나 경영자 일가의 개인 사유로 인한 투자가 아닌지도 살펴봐야 한다.

출처 : EBN, "사업 다각화라는데… 문어발 경영에 불안한 투자자들," 2018.5.29

대리인 문제가 발생하는 다음 요인은 정보비대칭성이다. 경영자는 주주에 비해 정보우위information superiority, information dominance를 지닌다. 경영자는 우월한 정보를 이용하여 얼마든지 사적 이익을 추구할 수 있다.

[그림 1.4] 정보비대칭성

예를 들어, 주인이 대리인을 대신 보내서 건물을 구입한다고 하자. 이때 건물에 대한 정보는 대리인이 주인에 비해 월등하게 지니게 된다. 건물의 실제가격이 5억원이고 대리인만이 실제가격을 알고 있을 때, 대리인은 주인에게 6억원에 구매했다고 거짓으로 이야기하고 1억원을 횡령할 수도 있다. 결국 대리인은 주인에 비해 정보우위에 있고, 이를 이용한 사적 이익을 취할 수 있다.

주식회사 사례에서도 지금과 같은 정보비대칭성으로 발생하는 여러 문제들이 발생한다.

〈표 1.3〉 정보비대칭으로 발생하는 다양한 대리인 문제의 예

- 경영자가 주주가 투자한 돈을 개인적 용도로 사용하는 경우
- 경영자가 기업의 내부정보를 이용하여 주식거래를 통해 사적 이득을 추구하는 경우

사례 1.5 경영자가 주주가 투자한 돈을 개인적 용도로 사용하는 경우

① 이 부회장은 지난 2008년부터 2014년까지 경기도 양평에 개인 별장을 짓는 과정에서 법인자금 약 203억원을 공사비로 쓴 혐의를 받고 있다. 이 부회장의 남편인 담 회장은 2011년 300억원대 회삿돈을 횡령하거나 정해진 용도·절차를 따르지 않고 사용한 혐의(특정경제범죄 가중처벌 등에 관한 법률상 횡령·배임 등)로 검찰에 구속돼 재판에 넘겨졌다. 담 회장은 외국 유명 작가의 고가 미술품 10점을 계열사 법인자금으로 매입한 뒤 이를 자택에 장식품으로 설치하는 수법으로 140억원을 횡령한 것으로 드러났다. 대기업 사주의 이 같은 행위에 횡령 혐의가 적용된 첫 사례였다. 담 회장은 1심에서 공소사실이 대부분 인정돼 징역 3년의 실형을 선고받았다. 이후 항소심에서 집행유

예로 석방된 뒤 대법원에서 형이 확정됐다. 경찰 관계자는 "회사자금을 마치 개인 자금처럼 사용하고도 불법임을 인식하지 못하는 기업인들의 잘못된 관행을 엄단할 것"이라고 말했다.

② 50억원가량의 회삿돈을 횡령한 혐의를 인정한 전인장 삼양식품 회장 부부가 여전히 경영자 지위를 유지하고 있어 논란이 되고 있다. 재판대에 오른 전 회장과 부인 김정수 삼양식품 대표이사는 지난 2008년부터 지난해 9월까지 삼양식품이 계열사로부터 납품받은 포장박스와 식재료 중 일부를 자신이 설립한 페이퍼컴퍼니에 납품하는 것처럼 서류를 조작해 납품대금 약 50억원을 빼돌린 혐의(특정경제범죄 가중처벌법상 횡령 등)로 기소됐다.

출처 : ① 이뉴스투데이, "이화경 오리온 부회장, 200억원 횡령 혐의 검찰 송치," 2018.10.24
② 투데이신문, "'50억 횡령' 전인장 삼양식품 회장 부부, 경영자 지위 그대로?" 2018.6.21

사례 1.6 경영자가 기업의 내부정보를 이용하여 주식거래를 통해 사적 이득을 추구하는 경우

① 주가하락으로 인한 손실을 회피하기 위해 미공개 정보를 이용, 주식을 팔아넘긴 혐의로 기소된 최은영 전 한진해운 회장(현 유수홀딩스 회장)에게 실형이 확정됐다. 대법원 3부(주심 김재형 대법관)는 최 전 회장이 제기한 상고를 기각하고 원심을 확정했다고 29일 밝혔다. 이로써 최 전 회장은 징역 1년 6개월, 벌금 12억원, 추징금 4억 9,000만원을 물게 됐다. 최 전 회장은 2016년 한진해운이 사실상의 구조조정에 해당하는 자율협약을 신청한다는 미공개 정보를 입수해 두 딸과 함께 보유한 주식을 모두 팔았다. 당시 최 전 회장 모녀가 미공개 정보를

활용한 주식 매도로 회피한 손실은 약 10억원에 달한다. 재판부는 "미공개 중요 정보를 매매·거래하는 행위는 기업 공시 제도를 훼손하고 기업 운영과 유가증권거래시장의 투명성·건전성을 저해해 주주 등 일반 투자자에게 예상치 못한 손해를 입힌다"고 판결했다.

② 가수 J씨는 2015년 7월 자신이 소속된 FNC엔터테인먼트에 유명 방송인이 영입된다는 호재성 정보를 알게 된 후 지인 A씨를 동원해 소속사 주식 2만1,000주를 사들였다. 이후 해당 방송인의 전속계약 소식이 발표되고 주가가 오르자 보유하고 있던 주식을 되팔았다. 당시 J씨는 주식을 주당 2만800원에 사들여 2만7,000원에 되팔았고 약 2억원의 시세 차익을 얻은 혐의를 받고 있다.

출처 : ① 중앙일보, "'미공개 정보 주식 매매' 최은영 한진해운 전 회장 징역형 확정," 2018.10.29

② 더팩트, "'검찰 조사' J씨, 주식 부당거래 내부정보 2억 시세 차익?" 2016.6.29

앞서 살펴본 바와 같이 주식회사제도는 소유와 경영의 분리에서 기인한 대리인 문제가 심각하게 발생한다. 오늘날 자본주의 사회의 많은 추문과 병폐들은 대리인 문제와 관련되어 있다. 이러한 문제들을 해결하기 위해서는 대리인 문제의 두 가지 요인들을 해결하기 위한 방법들을 고려해야 한다.

〈표 1.4〉 대리인 문제 해결방법의 예

■ 인센티브 계약(Incentive Contract)
■ 모니터링(Monitoring)

대리인 문제를 해결하기 위한 첫 번째 방법은 "인센티브 계약Incentive Contract"이다. 즉, 주주와 경영자 간의 목적을 일치시키기 위한 보상계약을 설계하는 것이다. 주주의 부wealth와 경영자의 부를 일치시키기 위한 유인을 보상계약에 포함시키는 것이다. 결국 경영자의 이익이 주주의 이익과 연계되게 함으로써, 경영자가 열심히 일하면 경영자에게도 이익이 되고 또한 주주에게도 이익이 될 수 있도록 유도한다.

대리인 문제를 해결하기 위한 두 번째 방법은 "모니터링Monitoring"이다. 즉 주주와 경영자 간에 발생하는 정보비대칭성을 줄이기 위한 적절한 감시를 하는 것이다. 주주와 경영자가 목적이 다르다고 하여 대리인 문제가 발생하는 것이 아니다. 만약 주주들이 경영자의 행동을 적절히 감시할 수 있다면, 경영자는 주주의 이익에 위배되는 행동을 할 수가 없다. 경영자들이 주주를 위해 열심히 일하고 있는가에 대하여 적절한 감시가 이루어진다면, 대리인 문제는 감소된다.

기업지배구조

기업지배구조Corporate Governance는 기업 경영활동의 통제 시스템control system을 의미한다. 넓은 의미로 기업지배구조는 기업을 둘러싼 여러 이해관계자들 간의 관계를 조정하는 하나의 메커니즘이라 할 수 있다. 그러나 기업지배구조를 좁은 의미로 보면, 경영자를 통제하는 메커니즘으로 본다. 즉 기업가치 극대화를 위한 통제 시스템, 특히 경영자에 대한 통제 시스템이 기업지배구조이다.

대리인 이론 관점에서 기업지배구조란 주주 이익을 극대화할 수 있는 경영자에 대한 통제장치이다. 즉 대리인 문제를 감소시키기 위한 모니터링 시스템이 기업지배구조이다. 모니터링을 통해서 대리인 문제를 해결하고자 하는 것이다.

주식회사는 소유와 경영의 분리로 인하여 대다수의 주주는 경영에 직접 참여하지 않고 경영자에게 위임한다. 따라서 기업지배구조는 경영자에게 주어진 경영권을 모니터링함으로써, 경영자가 주주의 이익을 위해서 일할 수 있도록 하는 것이다.

2001년 미국의 대기업인 엔론과 월드컴, 타이코 등의 연속적인 도산이 발생하면서, 기업지배구조의 유효성에 대한 심각한 문제제기가 일어났다. 엔론 및 월드컴의 최고경영자는 수년에 걸쳐 분식회계를 해왔으며, 도덕적 해이가 만연했다는 사실은 실로 충격적인 사건이었다. 특히 최고경영자를 모니터링할 수 있는 기업 내부와 외부의 유효한 통제장치가 제대로 갖춰지지 않았다는 지적이 제기되었다.

엔론의 기업지배구조의 문제점은 다음과 같다.[4]

① 기업 내부에서 모니터링을 해야 할 이사회의 독립성이 결여되어 있었다.

② 기업 외부에서 모니터링을 해야 할 외부감사인의 독립성이 결여되어 있었다.

③ 최고경영자를 포함한 경영진에 대한 과도한 보상이 발생했다.

④ 정보공시절차에 문제점이 있었다.

⑤ 특별이해관계인과의 이해가 상충된 부당내부거래가 존재했다.

⑥ 위험이 높은 회계처리를 하고 있었다.

미국에서 일곱 번째로 큰 대기업인 엔론의 몰락이 우리에게 시사하는 바는, 미국처럼 투자자보호제도가 잘 마련되어 있는 자본주의

사회에서도 대리인 문제가 심각하게 발생하고 있고, 대리인 문제는 회계부정과 함께 나타나며, 기업지배구조 문제에서 발생한다는 점이다.[5]

우리나라에서 기업지배구조와 관련된 이슈가 실질적으로 부각된 시점은 1997년 IMF 외환위기 이후이다. 1997년의 외환위기를 겪으면서 우리나라 사회 전반에서 기업지배구조의 중요성이 중요한 문제로 인식되기 시작하였다. 우리나라의 주요 대기업들과 금융기관들이 도산하는 과정에서 경영자의 도덕적 해이moral hazard와 분식회계, 횡령, 배임 등 뿌리 깊은 병폐와 추문들이 세상을 향해 터져 나왔다. 이로 인해 기업지배구조 개선을 위한 노력이 정부의 주도 아래 이루어졌다.

아시아 각국의 기업지배구조 순위(2018년)

1	호주
2	홍콩
3	싱가포르
4	말레이시아
5	대만
6	태국
7	인도
8	일본
9	한국
10	중국
11	필리핀
12	인도네시아

국내 기업지배구조 등급 (CGS, 2018년 7월)

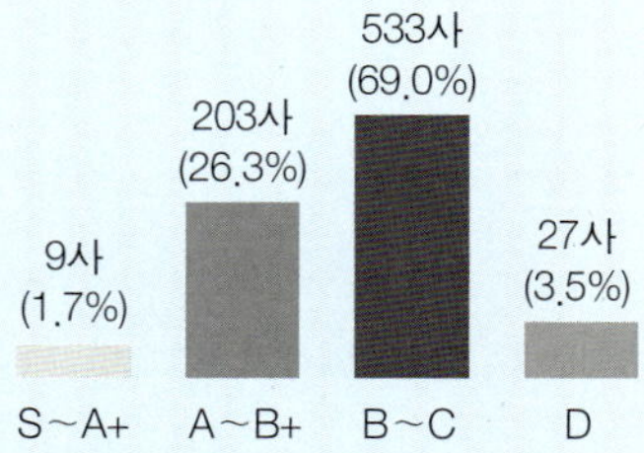

S등급에 가까울수록 주주가치 훼손 가능성이 낮음

자료 : ACGA(Asian Corporate Governance Association), KRX
출처 : 사례뉴스, "기업지배구조(Governance)란?" 2019.9.5

[그림 1.5] 우리나라의 기업지배구조 순위(아시아 국가 비교 자료)

자료 : 스위스 국제경영개발대학원(IMD), 기획재정부

출처 : 동아닷컴, "막장까지 간 회계투명성… 한국, 61개국 중 꼴찌," 2016.6.3

[그림 1.6] 우리나라의 회계투명성 순위

IMF 외환위기를 불러온 대기업과 금융기관 경영자들의 도덕적 해이, 분식회계, 횡령, 배임 등은 결국 주식회사제도의 소유와 경영의 분리에서 기인한 대리인 문제이며, 정부와 민간에서 대리인 문제를 기업지배구조 개선이라는 통제 시스템을 통해 해결하고자 하였던 것이다.

IMF 외환위기 이후 경영투명성을 높이기 위한 정부와 민간의 노력들이 계속 이루어졌다. 그런데 경영투명성은 결국 회계투명성과 밀접한 관련성을 지닌다. 경영투명성 확보를 위해서는 회계투명성이 함께 이루어져야 한다. 그리고 회계투명성은 다시 기업의 지배구조 개선과 관련성을 보인다. 결국 IMF 외환위기 이후 정부와 민간의 노력들은 경영투명성을 높이기 위함이었고, 이것은 회계투명성을 높이는 것이며, 기업지배구조 개선을 통한 노력이었다.

기업지배구조의 분류

소유와 경영의 분리로 인한 대리인 문제를 효과적으로 통제하기 위한 기업지배구조는 크게 내부지배구조와 외부지배구조로 나뉜다. 기업의 내부지배구조는 이사회가 대표적이며, 이사회 내의 감사위원회 및 사외이사가 있다. 기업의 외부지배구조는 외부감사인, 기관투자자, 애널리스트, 투자은행, 채권자, 신용평가기관, 정부, 적대적 M&A, 증권집단소송 등이 있다.

기업의 내부지배구조

기업의 내부지배구조는 기업 내부에서 경영진을 효과적으로 모니터링하기 위한 통제장치를 의미한다. 대표적인 내부지배구조는 이사회이며, 이사회 내의 감사위원회 및 사외이사의 역할이 중요성을 지닌다.

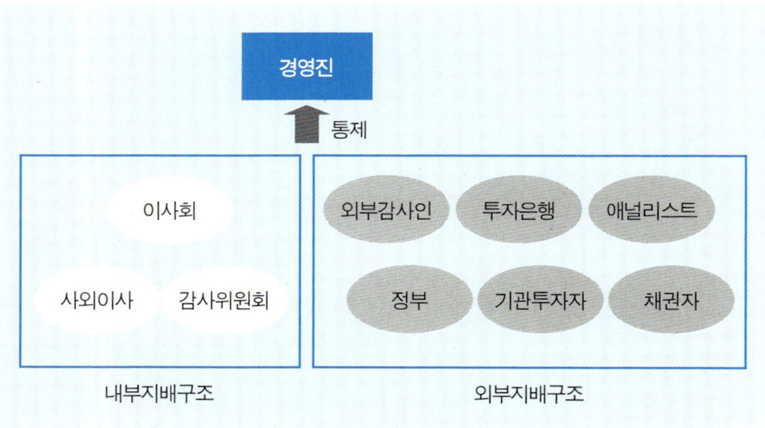

[그림 1.7] 기업을 둘러싼 다양한 지배구조

이사회는 기업의 조직구조corporate hierarchy에서 가장 상층부에 있는 조직이라는 점에서 경영자를 통제하는 데 가장 중요한 내부통제장치로 볼 수 있다. 이사회는 주주를 대신하여 경영진을 감독하는 내부통제장치로, 경영진에 대한 선임, 해임, 평가를 하고, 경영진이 제안한 중요한 재무적 · 영업적 의사결정에 대한 결의를 하며, 경영진에게 조언과 자문을 제공하는 기능을 수행한다. 이사회가 기업의 조직구조에서 가장 상층부에 있으며, 경영진을 감독하는 기능을 수행한다는 점에서 가장 중요한 내부통제장치로 볼 수 있다.

또한 기업의 내부지배구조로 이사회 내의 감사위원회와 사외이사의 역할도 매우 중요하다. 감사위원회는 재무보고와 내부통제에 대한 업무를 관리 감독함으로써 실제적으로 최고경영자를 모니터링하는 역할을 수행하게 된다. 또한 사외이사는 이사회 내에 독립적인 위치에 있는 이사로서 경영자와 이사의 직무집행에 대한 감시와 감독을 수행하고 경영의사결정 과정에서 전문적인 조언과 자문을 제공하는 기능을 담당함으로써 기업 내부에서 통제기능을 수행한다. 즉 사외이사는 전문성과 독립성을 지닌 이사가 이사회 내에 위치함으로써 경영자의 감시와 감독, 조언과 자문 등을 담당하는 기능을 지닌다.

기업의 외부지배구조

기업의 외부지배구조는 기업 내부가 아닌 외부에서 경영진을 효과적으로 모니터링하기 위한 통제장치를 의미한다. 기업의 외부지배구조로는 외부감사인, 기관투자자, 애널리스트, 투자은행, 채권자, 신용평가기관, 정부, 적대적 M&A, 증권집단소송 등이 존재한다.

외부감사인은 기업의 재무제표의 신뢰성을 검토하여 주주에게 의견을 제공한다. 주주는 경영자에게 제공받은 재무제표를 통해서 경영자의 행동을 평가하고 모니터링한다. 주주가 재무제표를 통해서 경영진을 올바로 평가하고 모니터링하기 위해서는 관련 정보에 대한 신뢰성 검증이 반드시 필요하다. 따라서 재무제표가 공시되기 이전에 독립된 제3자인 외부감사인으로부터 외부감사를 받는 과정을 통해서 경영자가 작성한 정보에 대한 신뢰성 검증 및 모니터링이 이루어지고 있다.

기관투자자는 기업과 경영진을 감시하는 데 필요한 우월한 정보수집능력과 전문적인 분석력을 지니고, 높은 모니터링 인센티브를 가지며, 또한 높은 지분을 보유하고 있어 기업에 대한 영향력 행사가 가능하다는 점에서 경영진의 기회주의적 행동에 대한 견제기능을 수행할 수 있다.

투자은행은 기업과 투자자들 사이에 정보의 흐름을 연결해주는 중개기관이다. 투자은행이 전달하는 정보는 증권의 가격 형성에 중요한 영향을 미치게 된다. 투자은행이 자본시장에 전달하는 정보는 신규 증권이 발행되기 이전에 높은 영향력을 지니게 되며, 투자자는 관련 정보를 이용하여 의사결정을 수행하게 된다. 특히 투자은행은 IPO과정에서 상장을 원하는 후보기업들을 모니터링하게 된다. 투자은행은 IPO과정에서 필요한 모든 절차에 대한 전문성을 지니고 있고, 후보기업의 성과와 가치에 대한 평가와 분석을 직접 수행하고 있으며, 투자기회를 자본시장에 제공하는 과정에서 누구보다 많은 정보를 지니고 있으므로, 후보 기업을 모니터링할 수 있는 최상의 위치에 있다.

애널리스트는 투자자들에게 기업의 이익을 예측하고 목표주가를 제시하며 주식을 추천하는 일을 수행한다. 애널리스트는 기업에 대한 양질의 정보와 전문적인 분석능력을 갖추고 있으며, 기업의 성과와 미래에 대한 정보를 주식시장의 참여자들에게 제공하고 있다는 점에서 기업지배구조 관점에서 기업의 감시자 중 하나로 볼 수 있다. 시장 참여자들은 애널리스트의 분석 자료를 활용하여 주식거래와 관련된 다양한 의사결정에 도움을 받을 수 있다.

채권자에 의한 모니터링이 갖는 가장 큰 장점은 감시주체가 소수이며, 기업과 지속적이고 안정적인 관계를 통한 통제가 이루어진다는 점이다. 채권자는 대출계약조건을 이용하거나, 대출금 조기 회수 요청이나 추가대출 거부, 파산과정 개입과 같은 다양하고 막강한 형태의 견제수단들을 지니고 있고, 기업과 관련된 양질의 정보를 보유하고 있어 기업 경영진을 모니터링하는 데 유리할 수 있다.

정부는 일반 투자자들을 보호하기 위하여 기업을 규제하거나 정책을 만들어 공표한다. 또한 정부의 기관 및 공무원들은 경영진들의 행태를 감시한다.

기업의 내부 및 외부 지배구조는 주주의 이익을 보호하기 위한 통제장치이며, 각 지배구조간에는 밀접한 연관성을 갖고 전체적인 시스템으로 움직여 간다. 본서는 다양한 기업의 내부 및 외부 지배구조를 검토함으로써 각 지배구조의 모니터링 기능과 문제점에 대해서 논의하고자 한다.

요 약

자본주의의 대표적 기업 유형인 주식회사제도는 여러 장점에도 불구하고 소유와 경영의 분리로 인한 대리인 문제를 발생시킨다. 대리인 문제는 결국 경영자의 도덕적 해이, 분식회계, 횡령, 배임 등의 형태로 자본주의 사회의 병폐와 추문들을 양산시킨다. 이러한 대리인 문제의 해결방안으로 인센티브 계약과 모니터링 시스템이 존재하며, 1997년 IMF 이후에 우리나라는 모니터링 시스템의 일종인 기업지배구조 개선을 통한 경영투명성 향상에 노력을 기울여 왔다. 또한 경영투명성은 회계투명성과 밀접한 관련성을 지닌다. 본서는 대리인 문제 해결을 위한 방안으로 기업지배구조를 다양한 측면에서 논의한다.

복습문제

(1) 자본주의 사회의 가장 대표적인 기업의 유형은 무엇인가?
(2) 주식회사제도의 장점과 단점은 무엇인가?
(3) 유한책임과 무한책임은 무엇인가?
(4) 대리인 이론 관점에서 주식회사의 주인과 대리인은 각각 누구인가?
(5) 벌리Berle와 민즈Means가 강조한 주식회사에서 문제가 발생하는 근본적인 원인은 무엇인가?
(6) 대리인 문제가 발생하는 요인 두 가지는 무엇인가?
(7) 대리인 문제를 해결하기 위한 방법은 무엇인가?
(8) 기업지배구조는 무엇인가?
(9) 엔론의 기업지배구조 문제는 무엇인가?
(10) 주주와 경영자 간의 목표가 불일치함으로써 나타나는 대리인 문제는 무엇인가?
(11) 주주와 경영자 간의 정보비대칭이 발생함으로써 나타나는 대리인 문제는 무엇인가?

토론문제

(1) 우리나라에서 발생하는 다양한 대리인 문제의 사례를 제시하고 심각성을 논의해보자.
(2) 미국에서 발생한 엔론의 분식회계 사례와 마찬가지로, 국내에서 발생한 분식회계 사례들은 어떤 것들이 있는지 사례를 제시하고 기업지배구조 문제를 논의해보자.

참고문헌

1 Megginson, William J.(1997), *Corporate Finance Theory*, Addison Wesley.

2 Jensen, Michael C. and William H. Meckling(1976), *Can the Corporate Survive?*, University of Rochester.

3 Berle, Adolf A. and Gardiner C. Means(1967), *The Modern Corporation and Private Property*, Macmillan.

4 김준기(2003), "Enron의 기업지배구조의 실패와 미국의 Sarbanes-Oxley Act of 2002," 『기업지배구조연구』.

5 정기웅(2004), "한국의 기업지배구조에 대한 연구 - 미국의 기업지배구조와 비교분석을 중심으로," 『경상논총』.

제 2 장

인센티브 보상계약을 통한 대리인 문제 해결

본장에서는 다음과 같은 내용을 다룬다.

- 경영자 보상의 목적과 유형
- 회계성과에 근거한 보상체제
- 주식시장에 근거한 보상체제

경영자 보상의 목적과 유형

본장에서는 대리인 문제 해결을 위한 방법으로 기업지배구조를 논의하기에 앞서, 인센티브 보상계약을 먼저 살펴본다. "인센티브 보상계약Incentive Contract"은 주주의 부wealth와 경영자의 부를 일치시키기 위한 유인을 보상계약에 포함시키는 것이다. 즉 주주와 경영자 간의 목적을 일치시키기 위한 보상계약을 설계하는 것이다.

일반적으로 보상계약의 목표는 기업에게 유익한 경영자의 행동에 대한 적절한 보상을 함으로써 경영자의 행동과 기업의 목표를 일치시키는 것이다. 즉 경영자가 열심히 일할수록 경영자에게도 이익이 되고 또한 주주에게도 이익이 될 수 있도록 하는 것, 소위 목적일치성goal congruence이다. 주주와 경영자 간의 목적일치를 위한 다양한 경영자 보상계약에 대해 본장에서 논의하고자 한다.

경영자의 보상 유형은 매우 다양하다. 기본급이 존재하고, 회계성과에 근거한 보너스와, 주식시장(주가)에 근거한 보상 등이 존재한다. 경영자의 보상은 이사회 또는 이사회 내의 보상위원회에서 결정한다.

기본급

경영자의 보상도 일반적인 직업들처럼 일정금액의 연봉이 포함된다. 가장 기본적인 보상유형인 기본급base salary은 흔히 벤치마킹방법benchmarking method에 의해 결정된다. 기본급의 경우 동종산업에 속한 다른 경쟁기업들의 경영자 급여를 기준으로 삼아 결정함으로써 경쟁력을 유지한다.

사례 2.1 경영자 보상의 유형

뱅크 오브 호프 주요 경영진 2017년 보수 및 주식보유 현황

이 름	기본급	주식기준 보상	보너스 · 인센티브	총 보수	보유 주식	주식가치
케빈 김 행장	80만 3,654달러	97만 4,734달러	41만 1,033달러	225만 2,422달러	74만 356주	1,331만 9,004달러
데이빗 멀론 수석전무(COO)	26만 9,544달러	27만 5,868달러	17만 4,000달러	73만 2,603달러	2만 678주	37만 1,997달러
김규성 수석전무 (SEVP)	35만 3,330달러	8만 1,138달러	14만 1,150달러	61만 1,446달러	1만 9,700주	35만 4,403달러
알렉스 고 전무 (CFO)	32만 1,452달러	6만 4,910달러	12만 4,000달러	54만 3,046달러	1만 9,749주	35만 5,285달러
유 민 전무(CRO)	32만 2,055달러	8만 1,318달러	9만 9,000달러	53만 1,896달러	7,102주	12만 7,765달러

한미은행 주요 경영진 2017년 보수 및 주식보유 현황

이 름	기본급	주식기준 보상	보너스 · 인센티브	총 보수	보유 주식	주식가치
금종국 행장	65만 1,750달러	1,090달러	60만 7,500달러	134만 6,558달러	27만 6,104주	826만 9,315달러
바니 이 수석전무 (COO)	34만 8,639달러	1,090달러	16만 7,200달러	56만 266달러	8만 4,044주	251만 7,118달러
론 산타로사 수석전무(CFO)	31만 1,044달러	29만 90달러	15만 2,000달러	78만 9,356달러	3만 7,391주	111만 9,860달러
진 임 전무(CRO)	25만 5,365달러	10만 7,940달러	6만 5,559달러	46만 3,133달러	4만 6,255주	138만 5,337달러
매튜 걸 전무 (CCAO)	24만 4,231달러	29만 6,590달러	6만 3,750달러	63만 5,369달러	1만 8,414주	55만 1,499달러

자료 : 은행 프락시, 31일 종가 기준

미주한인 1, 2위 은행인 뱅크 오브 호프와 한미은행 등 두 상장 은행의 행장들이 지난해 100만 달러 이상을 훌쩍 번 것으로 나타났다. 또 전무급 주요 간부진도 지난해 총 보수가 최고 80만 달러에 달한 것으로 나타났다.

지난주 각각 주총을 가진 뱅크 오브 호프와 한미은행이 프락시(proxy)를 통해 공개한 주요 경영진 보수 현황에 따르면 뱅크 오브 호프의 케빈 김 행장이 지난해 받은 총 보수는 225만 2,422달러에 달했다.

김 행장이 받은 지난해 총 보수에는 기본급 80만 3,654달러 외에도 주식기준 보상(stock awards) 97만 4,734달러, 보너스 · 인센티브 41만 1,033달러 등이 포함됐다. 김 행장의 기본급은 2016

년 70만 5,000달러에서 2017년에는 80만 3,654달러로 약 14% 인상됐다. 케빈 김 행장의 2017년 총 보수는 2015년 136만 9,043달러, 2016년 211만 7,176달러와 비교해도 큰 폭으로 오른 것이다. 2015년에는 주식기준 보상이 없었지만 2016년에 42만 9,500달러에 이어 2017년에도 97만 4,734달러를 받으면서 2년 연속 총 보수가 200만 달러를 훌쩍 넘었다.

한미은행 금종국 행장은 지난해 총 보수로 134만 6,558달러를 받은 것으로 나타났다. 여기에는 기본급 65만 1,750달러, 주식기준 보상 1,090달러, 보너스 · 인센티브 60만 7,500달러가 포함돼 있다. 금 행장의 기본급도 2016년 61만 달러에서 2017년에는 65만 1,750달러로 약 7% 올랐다. 금 행장은 2015년에 총 보수로 118만 2,594달러, 2016년 216만 2,301달러를 각각 받았는데 2016년 총 보수의 경우 주식기준 보상 가치로 91만 5,843달러를 받으면서 껑충 뛰었다.

수석전무와 전무급 등 주요 경영진의 경우 두 은행 모두 지난해 총 보수 규모가 적게는 46만 달러에서 많게는 79만 달러에 달한다. 뱅크 오브 호프의 경우 데이빗 멀론 수석전무(COO · 최고운영책임자)가 73만 2,603달러로 가장 많았으며 이어 김규성 수석전무 겸 지역사장이 61만 1,446달러, 알렉스 고 전무(CFO · 최고재무책임자) 54만 3,046달러, 유 민 전무(CRO · 최고리스크책임자) 53만 1,896달러 순이었다.

한미은행의 경우 론 샌타로사 수석전무(CFO · 최고재무책임자)가 78만 9,356달러로 가장 많았으며 이어 매튜 펄 전무(CCAO · 최고크레딧관리책임자) 63만 5,369달러, 바니 이 수석전무(COO · 최고운영책임자) 56만 266달러, 진 임 전무(CRO · 최고리스크책임자) 46만 3,133달러 순이었다.

전무급 이상 경영진 역시 행장과 마찬가지로 기본급 외에 주식기준 보상과 보너스 · 인센티브를 받는다. 전무급의 총 보수도 기본급은 꾸준하지만 주식기준 보상과 보너스 · 인센티브를 얼마나 받느냐에 따라 매년 변동이 있을 수 있다.

한 예로 한미은행 바니 이 수석전무의 경우 올해 총 보수 56만 266달러는 지난해 총 보수 98만 1,667달러에 비해 대폭 줄었는데, 이는 지난해에 45만 7,921달러어치의 주식기준 보상을 받았기 때문이다.

또한 행장의 경우 추가로 자동차 관련 경비 보조, 골프 클럽과 피트니스 멤버십, 출장 경비, 보험 혜택 등 각종 '특전'(perks)을 받는데, 케빈 김 행장의 경우 지난해 받은 특전의 가치는 8만 6,218달러에 달했으며 금종국 행장의 경우 5만 7,789달러에 달했다. 전무급도 행장과 비교하면 적지만 일정부분의 특전 혜택을 받는다.

또한 행장 등 주요 경영진의 경우 매년 많은 주식을 무료(stock grant)로 받거나 저렴한 가격에 매수할 수 있는 스톡옵션(stock option)을 받기 때문에 보유한 주식만 수백만 달러 규모다. 케빈 김 행장이 보유한 은행주식 74만 356주는 31일 종가 기준(17.99달러)으로 1,332만 달러에 달한다.

금종국 행장이 보유한 27만 6,104주도 31일 종가 기준(29.95달러)으로 823만 달러 규모다.

은행권에 따르면 상장 한인은행들의 이 같은 2017년 주요 경영진 보수 규모는 동급 주류 은행에 비해서도 많으면 많았지 결코 적지 않은 수준인 것으로 분석된다.

한편 상장 은행의 경우 매년 프락시를 통해 행장과 최고재무책임자(CFO)를 비롯, 총 보수가 가장 많은 3명 이상의 '지정 경영진'(NEO) 보수 현황을 공개한다.

출처 : 한국일보, "케빈 김 행장 225만 달러 · 금종국 행장 135만 달러," 2018.6.1

사례 2.2 보상 결정시 고려사항

보상이란 '인적자원을 활용한 대가로 근로자에게 제공하는 모든 형태의 반대급부'이다. 보상은 인적자원의 형성, 인적자원의 배치, 인적자원의 활용, 그리고 인적자원의 유지 등 오로지 기업경영의 차원에서만 가능한 논의의 대상이 아니고 물가, 생산성뿐만 아니라 노사관계의 안정, 사회안정 등 거시적인 국민경제 차원에서도 중요시되고 있다. 보상정책은 구성원을 유지하는 원천일 뿐 아니라, 구성원 동기부여 및 우수 핵심인력의 확보 등 미치는 영향이 크다.

낮은 수준의 불공정한 보상정책은 구성원의 생산성 저하를 초래하고 지속시 결근, 파업, 이직의 원인이 된다. 최근 기업의 보상원칙은 보상 경쟁력 확보, 내부 공평성, 성과지향, 장기적 보상으로 살필 수 있다. 동종업체에 비해 총보상의 수준을 높임으로써 구성원의 확보 및 유지, 안정적 기반의 가치창출을 도모하고 있다. 고정급 중심에서 성과에 따른 변동급의 비중을 높여가고 있으며, 같은 직급 같은 직무에 종사하면 같은 보상을 받는 연공적 내부 공정성에서 시장가치와 개인의 역량 및 성과 차이를 인정하는 보상제도를 가져가고 있다. 단기 보상에서 장단기 보상의 조합을 통해 구성원의 장기근무를 유도하며, 인사부서 중심의 운용에서 현장 조직장에게 예산 배분권을 줌으로써 현장중심형 보상운영이 이루어지도록 가져가고 있다.

임금인상의 결정요인과 프로세스 임금인상은 물가상승에 따른 생계비 보전을 기본으로 하고, 회사의 지불능력과 대외경쟁력 그리고 내부보상 정책과 전략에 의해 결정된다.

회사의 지불능력은 전년도 경영성과, 사업의 실적, 매출 및 영업이익 규모, 목표 달성률, 현 보상 수준 및 최근 3개년의 인상 실적, 인건비 구조 등을 종합하여 판단한다.

대외경쟁력 측면은 우수인력의 확보와 유지관리의 관점에서 동종업계의 보상 수준과 임금인상의 실적을 비교하여 업계 우위 또는 최상의 수준을 결정한다.

주요 거시지표는 통상 기본 생계비 보전의 측면에서 소비자 물가인상률과 최저임금인상률을 검토한다.

내부 정책이나 전략은 단기, 중장기 보상의 정책이나 전략 반영, 사업 및 직무 특성, 인상 재원의 배분 계획(예를 들어 기본급 인상, 승진, 성과급의 규모 등), 인력분포 등을 감안하여 결정한다.

출처 : 한국경제, "2019년 임금인상 결정시 고려사항," 2018.11.15

회계성과에 근거한 보상체제

전통적으로 기업은 기업 전체 또는 사업부서별로 회계성과를 측정하여 개인의 보상에 연동시킴으로써 개인의 행동과 기업의 목표를 일치시키고자 하였다. 많은 기업들이 회계성과에 근거한 보상체제 Accounting-Based Compensation를 널리 활용하고 있다.

현금보너스

회계성과에 근거한 보상체제 중 가장 대표적인 보상의 형태가 현금보너스cash bonus제도이다. 현금보너스는 성과에 기초하여 현금을 지급받는다. 현금보너스는 차기에 지급될 경영자의 기본급에는 포함되지 않는 일회성 보상이다. 현금보너스는 경영자의 성과가 사전에 설정된 목표를 초과했을 때 일정액이 현금으로 지급되거나, 목표와 성과의 차이에 비례하여 금액이 차등적으로 지급된다.

[그림 2.1] 회계성과에 근거한 보상체제

경영자에 대한 보상체제에 보너스제도를 이용한 유인보상계약 incentive compensation contracts을 확립시킨 대표적인 인물은 슬론Alfred Sloan이다. 슬론은 보너스제도를 통해 GM을 미국을 대표하는 기업 중 하나로 성장시켰다는 평가를 받는다.

슬론은 회계성과에 근거한 보너스제도는 기업 내 다양한 구성원에게 유인을 제공한다고 하였다. 특히 보너스의 대상이 아닌 구성원들에게 보너스를 받기 위해 상당한 노력을 기울이도록 유인을 제공한다고 하였다. 또한 구성원이 본인과 기업의 발전에 대해 인식하는 계기도 제공한다고 하였다.

회계성과에 근거한 보너스제도에 대한 장점은 다음과 같다.

첫째, 회계성과에 근거한 보상체제는 주로 단기성과이므로 장기성과에 비해 상대적으로 측정이 용이하고 보상과 연계시키기에 편리하다. 경영자들은 매년 말 회계성과에 근거한 현금보너스를 받는다. 현금보너스는 보통 과거연도의 매출액, 영업이익과 같은 전형적인 회계이익에 근거한다. 단기성과 측정치인 매출액, 영업이익과 같은 지표들은 보상과 연계하기 쉽다. 그러나 장기성과의 경우에는 중간과정을 어떤 지표로 측정할 것인가를 결정하기가 쉽지 않고 보상과의 연계도 어렵다. 특히 멀리 있는 장기성과 지표에 비해 단기성과 지표는 경영자가 자신의 이익을 높이기 위한 자신의 노력을 특정지표에 집중시키기에 매우 용이하다.

둘째, 회계성과에 근거한 보상체제는 이미 실현된 과거 성과에 대한 일회성 보상이라는 점에서 장점을 지닌다. 회계이익은 과거지향적인 지표이다. 미래의 이익을 반영하고 있는 것이 아니라, 과거에 이미 실현 완료된 성과를 반영한다. 결국 현금보너스는 과거에 이미 발생한 성과에 대한 경영자의 일회성 보상이므로 미래의 미실현된 성과가 보상에 포함되지 않는다.

이와 반대로 급여인상은 미래의 미실현된 성과가 급여에 영구적으로 영향을 미치게 된다는 점에서 단점을 지닌다.

반면 회계성과에 근거한 보너스제도에 대한 비판도 존재한다.

첫째, 회계성과에 근거한 보상체제는 경영자가 기업가치 및 기업의 장기적 성과에 관심을 갖는 대신 단기적인 성과에 집중하게 한다. 페퍼Jeffrey Pfeffer를 비롯한 많은 학자들은, 회계성과에 근거한 보너스 계약이 경영자가 기업의 장기성과를 희생시키고 단기성과에만 집중을 하게 된다는 점을 비판한다. 비판의 중심은 결국 경영자가 자신의 보너스를 극대화하기 위해서 단기성과를 추구하는 과정에서 기업의 장기성과를 희생시킨다는 것이다. 예를 들어, 경영자 보상이 단기적 회계이익에 기초하게 된다면, 경영자는 단기이익을 높이기 위한 원가절감을 위해서 상당한 노력과 시간을 기울일 수 있다. 예를 들어 경영자는 원가절감을 위해서 값싼 재료를 구입하거나 미숙련된 노동자를 고용하여 제품의 원가를 낮출 수 있고, 설비에 대한 유지보수 비용을 줄일 수 있다. 이러한 경영자의 근시안적인 의사결정은 단기적 비용감소에 효과를 가져와 기업의 단기이익 증가를 가져오고 경영자는 상당한 보너스를 받을 수 있다. 그러나 값싼 재료나 미숙련된 노동자를 활용하여 생산한 제품은 품질저하로 이어져 장기적으로는 기업의 평판을 저하시키고, 고객만족의 감소로 이어져 결국 미래 기업의 가치를 감소시킬 것이다. 또한 유지보수 비용의 감소는 미래에 설비고장을 일으켜 더 큰 장기적 비용을 발생시킬 수 있다.

미국 금융기업의 경우, 전체 보수에서 이익에 따른 성과급이 차지하는 비중이 높다. 이러한 현상은 고위층으로 갈수록 더욱 두드러지며, 경영자의 경우에 수천만 달러 이상의 막대한 보너스를 받는 경우도 있다. 특히 대다수의 금융기업들이 분기별 실적을 이용하여 성과급을 결정한다. 따라서 미국 금융기업의 경영자들은 기업의 장기적 가치가 아닌 단기적 이익에 보다 집중하여 의사결정을 내리고 있다는 비판도 있다.

결국 경영자에게 회계성과에 근거한 보상체제를 적용할 경우, 이는 단기간의 업적만을 평가하게 됨으로써, 경영자가 기업의 미래가치를 고려하지 않고 단기이익만을 높여서 성과급을 받기 위한 노력만을 기울이게 한다는 비판이 있다.

둘째, 경영자는 위험회피에 우선을 둔 의사결정에 집중하게 된다. 단기적인 회계이익에 근거한 보상체제는 구성원들이 위험을 감수하지 않게 만든다는 비판도 있다. 행동경제학은 손실회피loss aversion의 개념으로 이를 설명한다. 경영자가 단기적인 회계이익에만 집중함으로써, 미래의 이익을 높이기 위한 위험을 짊어지려 하지 않는다는 것이다. 즉 기업의 장기적인 이익을 높이기 위해서는 경영자가 새로운 투자를 하고 위험을 감수해야 하지만, 자신의 성과평가가 단기적인 회계이익에 의해 결정될 경우에는 위험을 회피하고 기존 이익을 보호하기 위한 노력에 우선한다는 것이다. 즉 도전과 혁신보다는 현상을 유지하려는 성향Status quo Bias이 나타난다.

셋째, 경영자는 기업의 장기적 가치 증가를 위한 투자를 회피하는 경향을 지닌다. 회계이익을 높이기 위해 연구개발 및 시설에 대한 투자를 줄일 수 있다. 연구개발 및 시설투자를 포기함으로써 단기적인 이익을 높여 자신의 보상을 극대화하고, 기업의 미래가치는 포기하는 경향이 나타난다.

넷째, 경영자는 단기적인 회계이익을 높이기 위한 이익조정을 시도할 수도 있다. 경영자는 보너스를 받기 위해 이익을 조정할 수 있다. 예를 들어 현 시점의 보너스 계약 기준을 달성할 수 없으면 미래로 현재의 이익을 옮길 수도 있다big bath. 이러한 관점은 회계학에서 연구되어 온 보너스제도가설bonus plan hypothesis에 기초한다. 경영자가 자신의 보상을 극대화하기 위한 이익조정을 한다는 가설이다. 힐리Healy는 경영자 보상이 기업의 경영성과에 따라 결정되므로 경영자는 회계이익을 조정할 유인을 지니게 된다고 설명하였다.[1]

요약하면, 회계성과에 근거한 보상체제는 주주와 경영자의 목적 일치성을 가져오기 어렵다. 그 이유는 회계성과는 과거에 이미 발생된 단기성과 측정치이기 때문이다. 반면 주주의 이익은 기업의 장기적인 가치, 주가와 밀접하게 연계되어 있다. 따라서 회계성과에 근거한 보상체제가 지닌 가장 큰 문제점은 경영자가 기업가치에 기반을 둔 주주의 이익을 위해 일하는 대신, 자신의 이익을 높이기 위해 단기적인 이익 추구에 더 관심을 두게 된다는 점이다.

사례 2.3 기업의 성과급

사람인이 기업 503개사를 대상으로 '연말 성과급 지급 계획'에 대해 조사한 결과, 5곳 중 3곳은 지급하지 않는다고 답했다.

성과급을 지급하지 않는 이유로 '회사 재정 상태가 좋지 않아서'(40.6%, 복수응답)를 첫 번째로 꼽았다. 계속해서 '정기 지급 규정이 없어서'(37.5%), '올해 목표 실적 달성에 실패해서'(29.5%), '다른 상여금을 지급했거나 계획 중이라서'(8.9%), '선물 등으로 대체하고 있어서'(3.2%) 등을 들었다.

지급한다는 기업의 1인당 평균 지급액은 190만원으로 집계되었다. 구간별로 살펴보면 '80~100만원 미만'(15.4%)이 가장 많았고, '200~220만원 미만'(11.2%), '40만원 미만'(10.6%), '100~120만원 미만'(8.5%), '40~60만원 미만'(7.4%), '300~320만원 미만'(5.9%), '180~200만원 미만'(5.9%), '60~80만원 미만'(5.3%), '480~500만원 미만'(4.8%) 등의 순이었다. 1인 평균 지급액(190만원)은 지난해 같은 조사의 결과(평균 239만원)와 비교했을 때 21.0%가량 줄어든 금액이다. 지급액은 기업 형태별로도 차이가 있었다. '대기업'(273만원), '중견기업'(247만원), '중소기업'(176만원)의 순으로 대기업은 중소기업의 1.5배에 달했다.

성과급을 지급하는 이유는 '직원들의 사기 진작을 위해서'(63.3%, 복수응답)가 1위였다. 다음은 '목표 실적을 달성해서'

(27.1%), '인재관리 차원에서'(14.4%), '정기 상여금으로 규정되어 있어서'(9.0%) 등이었다.

성과급 지급 방식은 '부서 또는 개인별 실적에 따라 차등 지급'(43.6%)이라는 응답이 가장 많았다. 이 외에 '개별 실적 관계없이 회사 실적에 따라 동일 지급'(31.4%), '직급에 따라 차등 지급'(25.0%) 등이 있었다.

출처 : 캠퍼스잡앤조이, "기업 5곳 중 3곳 연말 성과급 없다," 2018. 11.16

주식시장에 근거한 보상체제

앞서 살펴본 바와 같이 회계성과에 근거한 보상체제는 주주와 경영자의 목적일치성을 가져오기 어려우므로, 주식시장에 근거한 보상체제Market-Based Compensation에 대한 논의를 하고자 한다.

주식시장에 근거한 보상체제의 핵심은 경영자들이 기업의 주가를 높이기 위해 일할 수 있도록 보상체제를 주가에 연동시키는 것이다. 결국 보상이 주가에 의해 결정됨으로써 경영자의 목적과 주주의 목적을 일치시킬 수 있으며, 소유와 경영의 분리로 인한 대리인 문제의 해결방안으로 적합할 수 있다.

스톡옵션

주식시장에 근거한 보상체제의 가장 대표적인 유형이 스톡옵션stock option제도이다. 스톡옵션제도란 정해진 미래의 행사기간에 사전에 미리 정한 가격(행사가격)으로 정해진 수량에 대해서 자사의 주식을

[그림 2.2] 주식시장에 근거한 보상체제

매수할 수 있는 권한을 의미한다. 일정기간 후에 주가가 상승되면, 경영자는 현재 시세보다 낮은 가격으로 주식을 매수함으로써 차액만큼의 이익을 얻게 된다. 따라서 경영자는 정해진 기간(보유기간) 동안 주가 상승을 위해 노력하게 된다.

미국은 1920년대에 스톡옵션제도를 처음 도입하여, 1980년대에 스톡옵션제도를 활성화하였다. 1980년에는 미국 100대 기업 중 83%가 스톡옵션 보상을 활용하는 것으로 나타났다.[2] 1984년에는 경영자의 전체 보상 중 스톡옵션이 차지하는 비중이 20%였고 1990년에는 35%로 나타났다.[3] 머피Murphy는 1990년대 초에 경영자의 전체 보상에서 가장 큰 비중을 차지하는 보상이 스톡옵션제도라 하였고, 미

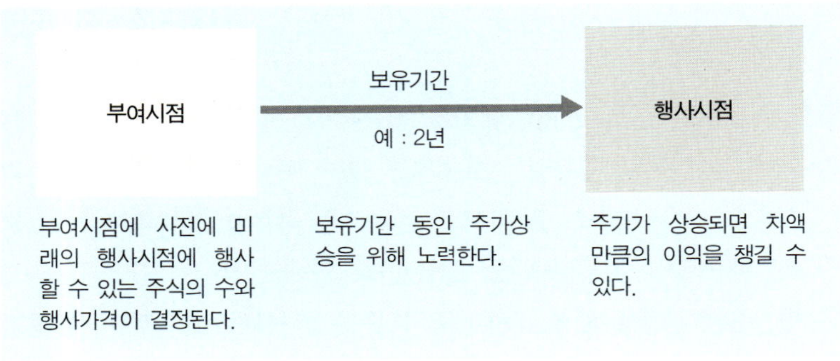

[그림 2.3] 스톡옵션제도

국기업의 상위 200 기업 집단에 대해 조사한 결과 스톡옵션에 따른 보상의 가치가 전체 보상 중 절반 이상을 차지한다고 하였다.[4] 이처럼 1980년대와 1990년대 미국기업들에서 스톡옵션을 통한 경영자 보상은 매우 중요했다. 우리나라에서는 1997년 4월 증권거래법 개정 이후에 스톡옵션제도가 처음 도입되었다. 그 후 2000년부터 기업들의 스톡옵션 부여가 시작되었고, 2003년부터 스톡옵션 행사가 이루어졌다.

스톡옵션제도의 장점은 다음과 같다.

첫째, 스톡옵션 보상을 받는 경우 주주와 경영자의 목적이 일치될 수 있다. 경영자가 스톡옵션 보상을 받는 경우에는 주주와 경영자 간의 이해가 일치됨으로써 경영자는 주주의 이익을 높이기 위해 장기적인 의사결정을 수행하게 된다. 따라서 경영자에게 스톡옵션을 부여하는 경우 대리인 문제가 감소하고 기업가치가 증가될 수 있다.[5]

둘째, 신생기업과 같이 유능한 인재 확보를 위한 충분한 현금 보상을 할 수 없는 경우에는 보상의 일부를 스톡옵션으로 활용할 수 있다. 신생기업이 스톡옵션 보상제도를 이용하면, 유능한 인재를 유치할 때 지급해야 할 현금 보상의 일부를 스톡옵션으로 대신 지급할 수 있다. 신생기업은 스톡옵션제도를 통해 기업 경영에 필요한 부족한 현금을 절약할 수 있고, 이와 함께 우수한 인력을 확보할 수 있다. 실제 IT기업에서 유능한 인재 유치를 위해 스톡옵션 보상계약을 많이 활용해왔다.

그러나 스톡옵션제도에도 단점이 존재한다.

첫째, 스톡옵션을 부여받은 경영자들은 때때로 위험이 더 높은 경영전략을 선호한다. 스톡옵션을 부여받은 경영자들은 주가상승을 위해 더 높은 위험을 지닌 사업안에 많은 투자를 집중할 가능성이 있다. 경영자가 보유하고 있는 스톡옵션 보상의 크기가 증가할수록 미래 수익의 변동성과 부채비율이 증가되고, 스톡옵션 부여 이후에 주가수익률의 변동성이 스톡옵션 부여 이전보다 더욱 커진다는 보고들이 있다.[6]

둘째, 스톡옵션 부여시점 이후에 시장의 주가가 큰 폭으로 하락하여 행사가격을 크게 밑돌게 될 경우에는 인센티브로서의 유인을 지니지 못한다. 스톡옵션 부여 이후에 주가가 행사가격보다 턱없이 낮은 상황이 발생하면 스톡옵션은 더 이상 경영자에게 인센티브 보상이 될 수 없다. 스톡옵션 부여 이후에 불안정한 경제상황이 발생하여 주가가 큰 폭으로 떨어진 상황이 발생하면 경영자의 노력만으로 주가를 상승시킬 가능성이 없게 된다. 이 경우 경영자는 스스로 스톡옵션 행사를 포기하게 되므로 더 이상의 유인이 될 수 없다.

셋째, 경영자가 스톡옵션의 행사시점을 고려하여 회계이익을 조정함으로써 주가를 높이기 위한 시도를 할 수 있다. 스톡옵션을 부여받은 경영자들은 부여시점에서 결정된 행사가격과 행사시점에서의 주가의 차이에 의해 자신의 보상이 결정된다. 행사시점의 주가와 행사가격의 차이가 자신이 받게 될 보상의 규모를 결정하므로 경영자는 자신의 이익을 높이기 위해서 회계이익을 조정할 유인을 갖게 된다. 즉 경영자는 부여시점 이전에는 주가를 낮추어 행사가격을 낮추기 위한 이익조정을 시도할 수 있으며,[7] 행사시점 이전에는 주가를 높이고자 이익조정을 시도할 수 있다.[8] 실제 2002년과 2003년 미국의 엔론과 월드컴 등의 기업 회계부정사건의 경우, 경영자가 스톡옵션 보상을 받기 위해 회계이익을 조정했던 사실이 있다.

넷째, 스톡옵션을 부여받은 경영자들은 주주들에게 배당을 주는 것을 원하지 않는다. 기업은 벌어들인 이익 중의 일부를 다시 주주에게 돌려주는 배당을 실시할 수 있다. 그러나 주주에게 배당을 주게 되면, 그만큼의 기업 내 현금이 감소하게 된다. 이는 결국 자산의 감소이므로 기업의 가치인 주가 역시 감소하게 되는 현상이 발생한다. 이를 흔히 배당락이라 한다. 결국 스톡옵션을 부여받은 경영자는 주가의 상승을 통한 스톡옵션 행사를 원하므로 주주에게 배당을 주기보다는 기업 내 현금을 보유하는 의사결정을 더 선호할 수 있다.

다섯째, 스톡옵션에는 숨겨진 비용이 존재한다. 스톡옵션의 부여시점에는 비용이 발생하지 않지만, 부여기간 이후에 행사시점에 경영자가 스톡옵션을 행사할 경우에는 시장가격과 행사가격 차이만큼을 기업이 보상해주어야 한다. 따라서 스톡옵션에는 숨겨진 비용이 존재한다.

여섯째, 주식가격은 경영자의 노력으로만 결정되는 것이 아니라 기업이 통제할 수 없는 수많은 요인에 의해 결정된다. 앞서 제시한 스톡옵션 보상의 장점, 즉 주식시장에 근거한 보상체제의 장점은 근본적인 문제점을 내포하고 있다. 스톡옵션 보상이 인센티브로서의 제 역할을 발휘하려면 경영자의 노력과 기업의 가치가 연결되어야 한다는 전제가 성립되어야 한다.

그러나 근본적인 문제점은 주가는 외부 요인에 의해 많은 영향을 받고 있으며, 기업의 성과나 경영자의 노력이 반드시 주가와 일치하는 것은 아니라는 것이다. 주가에는 거시경제 변수와 같은 경영자의 통제 가능성을 벗어나는 수많은 요인들이 포함된다. 이와 같은 통제불가능한 요인들은 주가에 매우 큰 영향을 준다. 특히 우리나라 주가는 주변 국가들의 영향을 받게 되는 경우가 흔히 발생한다. 미국과 중국 간의 무역전쟁, 유럽증시의 변동, 환율의 변화 등에 따라 주가는 크게 상승 또는 하락한다.

사례 2.4 스톡옵션 부여

대웅그룹이 직원들에게 8억원어치의 스톡옵션을 지급하며 주식 보상제도를 본격화했다. 그룹 내 상장사 중 한올바이오파마를 제외하고 대웅이나 대웅제약이 스톡옵션과 같은 주식보상을 실시한 건 이번이 처음이다. 이달 초 대웅은 역량과 성과가 뛰어난 임직원들에게 주식을 활용해 15억원 규모의 보상을 할 것이라고 밝혔으며 그중 우선 8억원이 부여됐다. 28일 대웅제약에 따르면 대웅그룹 상장사인 대웅과 대웅제약은 최근 이사회 결의를 통해 직원 각각 24명, 100명에게 주식매수선택권(스톡옵션)을 2만 5,337주, 1만 752주씩 지급했다.

이번 스톡옵션 지급은 9월 초 대웅제약이 기업문화체질 개선의 일환으로 주식보상을 비롯한 다양한 임직원 복지제도를 강화하겠다며 내놓은 계획을 실행에 옮긴 것이다. 당시 오너 막말과 갑질 이슈가 불거지면서 대웅은 전사 차원에서 임직원의 신뢰 회복을 위한 대안을 마련해 발표한 바 있다.

스톡옵션은 회사 주식을 향후 특정기간에 일정한 가격으로 살

수 있는 권리다. 대형 제약사 중에서는 유한양행이 스톡옵션제도를 많이 활용해왔으며 최근 한미약품은 무상으로 주식을 보상받는 스톡그랜트제도 도입을 결정했다. 대웅이 부여한 스톡옵션은 행사가격이 주당 1만 7,450원으로 스톡옵션 부여일(9월 21일) 기준 주가인 1만 8,000원보다 낮다. 향후 이 스톡옵션 권리를 행사할 수 있는 기간은 3년 후인 2021년 9월 21일부터 1년간이다. 이를 토대로 회사측이 계산한 대웅 스톡옵션의 공정가치는 한 주당 6,115원이며 부여된 2만 5,337주의 총 가치는 1억 5,500만원이다.

대웅제약이 직원들에게 지급한 스톡옵션은 행사가격이 19만 4,000원이며 부여일 기준 주가는 19만 2,500원이다. 기준 주가보다 행사가액이 높게 책정됐다. 행사기간은 대웅의 스톡옵션과 같고 회사는 대웅제약 스톡옵션의 공정가치를 주당 6만 809원이라고 명시했다. 전체 가치를 셈해보면 6억 5,400만원 정도다.

대웅은 스톡옵션의 행사방법에 관해서는 스톡옵션 행사를 신청할 때 신주교부나 자기주식 교부, 차액보상방법 중에서 이사회가 결정하기로 했다. 즉 2021년 9월 이후 스톡옵션을 받은 직원이 권리 행사를 신청하게 되면 상황에 따라 회사가 3가지 방식 중 하나를 정하게 된다. 신주나 자기주식을 부여하는 주식지급 방식뿐만 아니라 주식가격과 스톡옵션 행사가격의 차액만큼을 보상해 줄 수도 있다.

출처 : the bell News, "대웅, 첫 스톡옵션 지급… 주식보상제도 실행," 2018.10.1

사례 2.5 스톡옵션 부여 후 주가가 큰 폭으로 하락한 경우

미래에셋생명(대표 하만덕 · 김재식)이 주가하락으로 임원 스톡옵션이 자동소멸할 전망이다. 미래에셋생명은 상장 이전인 지난

2012년 경영성과 달성을 조건으로 13명의 임원에게 스톡옵션(주식매수선택권)을 부여했지만 현재까지 주가가 주식행사가격보다 턱없이 낮은 상황이다.

지난 2012년 상장을 추진했던 미래에셋생명은 하만덕, 김재식 대표를 포함해 13명 현직 임원에게 스톡옵션 165만주를 부여했지만 상장 이후 주가가 7,000원대에서 5,000원대로 하락했다. 2012년 미래에셋생명은 임원에게 부여한 주식의 행사가격이 주당 1만 7,000원이지만 미래에셋생명의 지난 28일 종가는 5,140원이다. 미래에셋생명 주가는 상장 첫해인 2015년 7월 8일 종가 7,240원에서 하락세를 보이다 올 6월 14일 이후 한 번도 6,000원대에 도달하지 못했다.

스톡옵션은 기업이 임직원에게 부여한 자사 주식으로 보통 경영성과를 조건으로 지급된다. 당시 미래에셋생명도 상장을 앞두고 주요 보직을 맡은 임원 13명에게 자사 주식매입선택권을 지급했지만 주가가 오르지 않아 현재까지 임원 모두 주식매입에 대한 행사를 하지 않았다.

이달 말 기준 미래에셋생명 주가는 스톡옵션 행사가격에 비해 70% 낮아 임원이 주식매입을 하거나 주가와 행사가격 차액을 현금으로 지급받아도 손해를 본다. 2012년 스톡옵션을 받은 임원의 주식매입 행사시기는 오는 2020년 6월 5일까지로 2년도 채 남지 않았다. 미래에셋생명을 포함해 대부분 상장보험사는 현재 신국제회계기준(IFRS17) 도입 및 저축성보험 판매 위축 영향으로 보험료수익이 하락하는 상황이다.

IFRS17 도입에 앞서 미래에셋생명도 지난해 말 PCA생명과 합병을 통해 변액보험 자산을 10조원 이상 확보하고 보장성보험 중심으로 기업체질을 강화중이지만 보험업계 저성장과 회계기준 개정 등으로 단기간 주가를 끌어올리기 어려울 것으로 예상한다.

미래에셋생명은 지난 2012년 13명 임원들에게 경영성과 달성

조건으로 스톡옵션을 1차 부여하고 3년 뒤인 2015년 22명 임원들에게 모두 222만주에 달하는 주식선택권을 2차로 부여했다. 2015년 부여했던 스톡옵션의 행사가격은 2012년보다 낮은 1만 4,300원 수준이다. 2015년 임원에게 지급한 스톡옵션 행사기간은 오는 2024년으로 6년 남았다. 미래에셋생명 관계자는 "2012년 임원에게 부여한 스톡옵션은 보험손익산출 기준에 따라 지급됐다"며 "당시 3원방식에 따라 종합 검토해 실적을 평가한 후 임원에게 부여했다"고 밝혔다.

출처 : CEO스코어데일리, "미래에셋생명, 주가하락으로 임원 13명 스톡옵션 사라질 위기," 2018.9.30

사례 2.6 스톡옵션 부여에 대한 비판

지 전 부사장은 지난 2016년 4,500원 행사가로 받은 스톡옵션 주가가 10만 3,000원일 때 행사했다. 스톡옵션은 일정기간이 지난 후 자사주를 사전에 약정된 가격으로 살 권리를 주는 인센티브제도다. CEO나 임직원들의 동기부여를 위해 도입한 제도지만 해당 임직원에게 지나치게 큰 보상을 해줘 주주 이익이 침해된다는 비판을 받기도 한다.

이번 신라젠의 경우도 경영성과를 내기 전 스톡옵션 행사에 맞춰 대거 신주를 발행, 지분 가치 희석 및 향후 오버행(대량 매물 출현) 우려가 있다는 점에서 문제가 많다는 지적이 나오고 있다. 결국 주주들이 피해를 볼 수밖에 없기 때문이다.

회사 상황도 스톡옵션 파티를 벌일 만큼 녹록하지 않다. 신라젠이 사활을 걸고 있는 간암 항암제 펙사벡이 임상3상 시험중으로 그 결과는 2019년에 나온다. 신약 개발이 100% 성공한다는 보장이 없고, 성공한다 해도 가시적인 매출이 나오기까지 몇 년이 걸

린다.

신라젠의 경영상황은 정상적인 회사라고 보기 어려울 정도다. 바이오 업종 특성상 계속 투자가 이어져야 하지만 영업손실이 심상찮다. 신라젠은 2015년 238억원, 2016년 468억원, 2017년 506억원의 영업손실을 냈다. 반면 지난해 말 기준 매출은 68억 6,484만원에 불과하다. 누적되는 적자를 감당하기 위해선 유상증자 등 투자유치가 필요한데, 이 또한 쉽지 않다는 게 업계의 분석이다.

출처 : 인사이트코리아, "신라젠 과장급이 스톡옵션 50억… 소액주주들 뿔났다," 2018.8.22

요 약

대리인 문제를 해결하기 위한 하나의 방법으로 인센티브 보상이 있다. 인센티브 보상은 주주의 부와 경영자의 부를 일치시키기 위한 보상계약으로, 주주와 경영자 간의 목적을 일치시키기 위한 보상체제이다.

경영자 보상의 대표적인 유형으로 회계성과에 근거한 현금보너스와, 주식시장(주가)에 근거한 스톡옵션 보상 등이 있다. 회계성과에 근거한 보상체제는 주로 단기성과이므로 장기성과에 비해 상대적으로 측정이 용이하고 보상과 연계시키기에 편리하며, 이미 실현된 과거 성과에 대한 일회성 보상이라는 점에서 장점을 지닌다. 그러나 회계성과에 근거한 보상체제는 주주와 경영자의 목적일치성을 가져오기 어렵다는 단점이 있다. 회계성과에 근거한 보상체제를 적용하면 경영자는 단기간의 업적만으로 평가받게 됨으로써, 경영자가 기업의 미래가치를 고려하지 않고 단기이익만을 높여서 성과급을 받기 위한 노력만을 기울이게 되는 문제점을 초래할 수 있다.

주식시장에 근거한 보상체제는 경영자들이 기업의 주가를 높이기 위해 일할 수 있도록 보상체제를 기업의 가치, 주가에 연동시키는 것이다. 결국 보상이 주가에 의해 결정됨으로써 경영자의 목적과 주주의 목적이 일치될 수 있으며, 소유와 경영의 분리로 인한 대리인 문제의 해결방안으로 적합할 수 있다.

주식시장에 근거한 보상체제 중 가장 대표적인 유형이 스톡옵션이다. 스톡옵션 보상은 주주와 경영자의 목적을 일치시킬 수 있고, 신생기업이 유능한 인재 확보를 위한 주요 수단으로 이용가능하다는 장점을 지니고 있어 1990년대부터 많은 기업들이 활용해왔다. 그러나 스톡옵션을 부여받은 경영자들이 위험이 높은 경영전략을 선호하고, 스톡옵션 부여시점 이후에 주가가 큰 폭으로 하락할 경우 인센티브로서의 기능을 지니지 못하며, 경영자가 스톡옵션을 행사하기 위해 회계이익을 조정하는 사례가 발생하는 등 많은 문제점 또한 지니고 있다. 특히 주가는 경영자의 노력으로만 결정되는 것이 아니라 통제불가능한 수많은 거시경제적인 요인에 의해 결정된다는 한계가 있다.

결국 인센티브 보상은 여러 가지 문제점으로 인해 대리인 문제의 명확한 해결책이 될 수는 없다. 이에 본서에서는 이후부터는 대리인 문제의 해결을 위한 다른 방법으로 기업지배구조적인 측면에서의 해결책을 논의하고자 한다.

복습문제

(1) 경영자에게 현금보너스를 부여하는 경우 장점은 무엇인가?

(2) 경영자에게 현금보너스를 부여하는 경우 단점은 무엇인가?

(3) 대리인 이론 관점에서 기업들이 스톡옵션제도를 도입하는 논리적 근거는 무엇인가?

(4) 신생기업이 스톡옵션제도를 활용하면 얻게 되는 장점은 무엇인가?

(5) 회계성과에 근거한 보상체제와 주식시장에 근거한 보상체제는 경영자가 위험을 수반한 의사결정과정에서 각각 어떠한 영향을 미칠 수 있는가?

(6) 스톡옵션 부여 이후에 주가가 큰 폭으로 하락할 경우에는 어떤 문제점이 발생할 수 있는가?

(7) 스톡옵션 부여 이후에 경영자는 배당과 관련된 기업의사결정에서 어떤 입장을 취할 가능성이 있는가?

(8) 스톡옵션을 부여받은 경영자는 회계이익을 조정할 유인이 발생될 수 있다. 부여시점 이전과 행사시점 이전에 경영자는 각각 어떤 이익조정을 할 유인이 존재하는가?

(9) 주식가격에 근거한 보상체제의 근본적인 문제점은 무엇인가?

토론문제

(1) 우리나라의 경영자 보상에 대한 사례를 제시하고, 어떤 특징이 있는지 논의해보자.

(2) 우리나라의 경영자 보상과 미국의 경영자 보상은 어떤 차이점이 있는지 논의해보자.

(3) 우리나라에서 성공적으로 스톡옵션제도를 도입한 기업의 사례를 제시하고, 어떤 장점이 있는지 논의해보자.

(4) 우리나라에서 스톡옵션제도를 폐지한 기업의 사례를 제시하고, 어떤 문제점이 있었는지 논의해보자.

(5) 스톡옵션제도를 폐지한 국내 기업 및 은행들은 "스톡옵션제도는 진보적인 제도이지만 주가에 지나치게 민감하여 제대로 된 성과를 반영하지 못한다"고 비판하고 있다. 이와 같은 비판이 발생한 이유에 대해 논의해보자.

참고문헌

1 Healy, Paul(1985), "The Effect of Bonus Schemes on Accounting Decisions," *Journal of Accounting and Economics*.

2 DeFusco, Richard, Thomas Zorn and Robert Johnson(1991), "The Association between Executive Stock Option Plan Changes and Managerial Decision Making," *Financial Management*.

3 Yermack, David(1995), "Do Corporations Award CEO Stock Options Effectively?" *Journal of Financial Economics*.

4 Murphy, Kevin(1998), "Executive Compensation," Working Paper, Marshall School of Business, University of Southern California ; Murphy, Kevin(1999), "Executive Compensation," *Handbook of Labor Economics 3*.

5 Haugen, Robert and Lemma Senbet(1981), "Resolving the Agency Problems of External Capital through Options," *Journal of Finance* ; Smith, Clifford and René Stulz(1985), "The Determinants of Firms' Hedging Policies," *Journal of Financial and Quantitative Analysis* ; Hirshleifer, David and Yoon Suh(1992), "Risk, Managerial Effort and Project Choice," *Journal of Financial Intermediation* ; Core, John and Wayne Guay(1999), "The Use of Equity Grants to Manage Optimal Equity Incentive Levels," *Journal of Accounting and Economics*.

6 Agrawal, Anup and Gershon Mandelker(1987), "Managerial Incentives and Corporate Investment and Financing Decisions," *Journal of Finance* ; DeFusco, Richard, Robert Johnson and Thomas Zorn(1990), "The Effect of Executive Stock Option Plans on Stockholders and Bondholders," *Journal of Finance*.

7 Yermack, David(1997), "Good timing: CEO stock option awards and

company news announcements," *The Journal of Finance*; Chauvin, Keith W. and Catherine Shenoy(2001), "Stock price decrease prior to executive stock option grants," *Journal of Corporate Finance.*

8 Bartov, Eli and Partha Mohanram(2004), "Private Information, Earnings Manipulations, and Executive Stock-Option Exercises," *The Accounting Review.*

제 3 장

이사회의 모니터링을 통한 대리인 문제 해결

본장에서는 다음과 같은 내용을 다룬다.

- 이사회의 기능
- 이사의 직무
- 이사의 책임과 의무
- 이사회의 구성
- 좋은 이사회가 되기 위한 조건
- 이사회가 지닌 잠재적인 문제점

이사회의 기능

본장에서는 대리인 문제 해결을 위한 기업지배구조 측면의 접근으로 기업 내부 이사회의 모니터링을 검토한다. 기업지배구조는 주주의 이익을 위해서 경영자가 일할 수 있는 통제장치로서의 기능을 수행한다. 경영자를 통제하기 위한 기업지배구조는 기업 외부에 외부감사인, 기관투자자, 채권자, 애널리스트, 투자은행, 정부, 적대적 M&A, 증권집단소송 등이 있고, 기업 내부에 이사회, 감사위원회 등이 있다. 이사회는 기업의 조직구조corporate hierarchy에서 가장 상층부에 있는 조직이라는 점에서 경영자를 통제하는 데 가장 중요한 내부통제장치로 볼 수 있다.

우리나라의 경우 1997년 외환위기 이후 정부가 나서서 기업지배구조의 문제점을 개선하면서 가장 시급하게 중점을 두고 개선했던 부분이 바로 이사회에 대한 개선이었다. 1999년 증권거래법 개정으로 상장법인은 이사회 내 1/4 이상을 사외이사로 선임하도록 강제화하였고, 2000년 증권거래법 개정에서는 자산 2조원 이상의 상장법인은 이사회 내 1/2 이상을 사외이사로 선임하고 감사위원회 도입을 의무화하도록 규정하였다. 이와 같은 기업지배구조에 대한 개선의 노력은 이사회의 독립성을 높여 내부통제장치로서의 본연의 역할을 강화함으로써 주주의 이익을 대변하기 위함으로 볼 수 있다.

이사회의 기능에 대해서 상법(제393조)에서는 "① 중요한 자산의 처분 및 양도, 대규모 재산의 차입, 지배인의 선임 또는 해임과 지점의 설치 · 이전 또는 폐지 등 회사의 업무집행은 이사회의 결의로 한다. ② 이사회는 이사의 직무의 집행을 감독한다"로 규정하고 있다.

이사회의 주요 기능은 다음과 같다. 이사회는 주주를 대신하여 경영진을 감독하는 내부통제장치로, 경영진에 대한 선임, 해임, 평가를 하고, 경영진이 제안한 중요한 재무적·영업적 의사결정에 대한 결의를 하며, 경영진에게 조언과 자문을 제공하는 기능을 수행한다.

〈표 3.1〉 이사회의 기능

- 경영진의 직무집행에 대한 감독
- 최고경영자에 대한 선임, 해임, 평가
- 기업의 주요 의사결정에 대한 결의
- 경영진에 대한 조언
- 경영진의 수탁책임 결과보고에 대한 확인

경영진의 직무집행에 대한 감독

상법(제393조 제2항)에 "이사회는 이사의 직무의 집행을 감독한다"로 규정되어 있다. 이는 이사회가 경영자 및 이사들에 대한 감독을 하는 내부통제장치임을 의미한다. 즉 이사회는 경영진들이 주주의 이익을 위해서 일하고 있는가에 대한 모니터링 장치로서의 기능을 수행해야 한다.

최고경영자에 대한 선임, 해임, 평가

상법(제389조 제1항)에 "회사는 이사회의 결의로 회사를 대표할 이사를 선정하여야 한다"로 규정되어 있다. 이사회는 최고경영자 및 주요 경영진에 대한 선임, 해임, 평가를 한다. 즉 이사회의 주요 기능 중 하나는 주주의 이익을 대변할 차기 최고경영자에 대한 물색 및 영입을 하는 것이다. 또한 경영자에 대한 평가를 수행하고, 경영자가 주주의 이익을 대변하지 못할 경우에는 해임을 하는 의사결정을 수행한다.

기업의 주요 의사결정에 대한 결의

이사회는 기업의 주요 의사결정에 대한 결의를 수행한다. 경영진이 마련한 영업제안서 및 재무의사결정과 관련된 사항들을 검토하고 결의한다. 즉, 주식 및 채권의 발행, 배당금의 지급, 주요 자산의 처분 및 양도, 대규모 자본투자 및 차입금의 조달 등은 이사회의 결의를 거쳐야 한다. 만약 경영자가 주주의 이익에 반하는 경영의사결정을 제안할 경우 이사회는 이를 부결해야 한다.

경영진에 대한 조언

이사회의 기능이 단순히 경영진이 제안하는 주요 영업 및 재무의사결정에 대한 결의를 수행하는 역할에서 그쳐서는 안 된다. 이사회의 구성원은 전문가로서 경영진에게 시의적절한 조언과 자문을 제공하는 기능을 수행해야 한다. 이사회는 급변하는 기업 외부환경의 기회 및 위협에서 경영진이 적절한 전략을 수립할 수 있도록 조언 및 자문을 제공해야 한다.

경영진의 수탁책임 결과보고에 대한 확인

이사회는 경영자가 수탁책임의 결과를 주주들에게 신뢰성 있게 보고하고 있는가에 대한 확인을 수행해야 한다. 이사회는 기업의 경영성과와 재무상태가 재무제표 등으로 주주에게 신뢰성 있게 전달되는가에 대한 확인을 한다.

사례 3.1 이사회의 권한

미국에서 한때 가장 존경받는 여성 경영자로 꼽히던 사람이 HP(Hewlett-Packard)의 CEO를 지낸 칼리 피오리나(Carly Fiorina)다. 1999년 CEO가 돼서 2005년 물러날 때까지 무려 6년 동안 미국 기업 서열 10위권의 거대기업 HP의 최고경영자를 지냈다는 것은 놀랄 만한 일이다. 그녀가 CEO가 되면서 AT&T 부사장직을 맡고 있던 남편이 유능한 아내를 돕기 위해 회사를 사직하고 집안일을 맡아 내조하기로 한 일도 유명하다. 이미 10년 이상의 시간이 흘렀지만 지금도 그녀는 유리천장을 깨뜨린 맹렬 여성의 대명사로 전 세계 수많은 여성들의 롤모델로 받아들여지고 있다.

AT&T에서 일하던 그녀를 HP로 스카우트한 주체가 바로 HP의 이사회였다. 그 정도로 이사회의 신뢰를 받던 그녀였지만 컴팩(Compaq)과의 합병을 주도한 후 그 여파로 다년간 실적 부진이 이어지자 이사회와 대립하게 된다. 그 결과 이사회는 2005년 그녀를 해고하고 새 CEO를 임명하는 식으로 CEO 자리에서 불명예스럽게 퇴진하도록 했다.

칼리 피오리나처럼 이사회가 경영자를 쫓아내는 일은 미국에서 그리 예외적인 상황이 아니다. 예를 들면 스티브 잡스(Steve Jobs)도 실적 부진과 독선적인 경영이 문제로 부각되면서 1985년 자신이 창업해 경영을 해오던 애플(Apple)에서 이사들의 반란으로 쫓겨난 바 있다. 물론 나중에 화려하게 CEO로 복귀하기는 했지만 말이다. 자신이 설립하고 상당한 지분의 주식까지도 보유한 CEO를 쫓아낼 정도라면 이사회의 힘이 얼마나 큰지 짐작할 수 있을 것이다.

이처럼 미국에서는 스타 CEO도 쉽게 내쫓을 만큼 사외이사 중심의 이사회가 갖는 권한이 막강하다. 이사회가 아니라 CEO 또는 CEO도 아니면서 이사도 아닌 뒷선에 숨어 있는 회장님이나 정부의 권한이 더 강한 한국과는 상당히 다르다. 우리나라는 이사회에서 CEO의 의견에 반대하는 일조차 매우 드물다. 2012년 말 어윤대 당시 KB 회장 주도로 KB에서 ING생명 한국법인을 인수하려고 했을 때 사외이사들의 반대로 인수 시도가 이사회에서 부결된 것이 거의 최초의 사례로 보인다.

출처 : 동아비즈니스리뷰, "제왕적 CEO보다는 집단지성이 더 우월, 제도보다 사람과 운영으로 승부하라," 2014.9.

이사의 직무

대부분의 이사회 복무규정에서 이사의 직무를 다음과 같이 규정하고 있다.[1]

- 기업의 전략, 계획, 예산에 대한 승인 및 기업의 실적 감시
- 주요 자본 지출 및 주요 사업부문의 매각 또는 인수에 대한 승인
- 자본구조, 배당정책, 재무제표의 정확성 및 투명성에 대한 승인
- 기업이 직면한 주요 위험 파악 및 관리 보장
- CEO의 선임과 평가, CEO 후임자 선정 계획 수립
- 고위 임원의 보수에 대한 승인
- 법과 공동체 규정의 준수, 회사를 위한 윤리규정 마련
- 주주총회의 소집결정(상법 제362조)

이사의 책임과 의무

이사회에 속한 최고경영자 및 이사들은 권한뿐만 아니라 법적 책임과 의무를 지닌다. 즉 이사는 수탁책임을 갖고 있으며, 충실의무, 선관주의의무, 비밀유지의무, 보고의무 등을 지닌다.

〈표 3.2〉 이사의 책임과 의무

- 수탁책임
- 충실의무
- 선관주의의무
- 비밀유지의무
- 보고의무

수탁책임

주식회사의 주인인 주주는 위탁자principal이고 대리인인 경영진은 수탁자agent이다. 이사회에 속한 최고경영자 및 이사들은 결국 주주로부터 위탁받은 재산을 관리하고, 주주의 이익을 증진시키기 위해 일해야 하는 수탁책임을 지닌다. 즉 수탁책임fiduciary responsibility이란 최고경영자 및 이사들이 언제나 주주의 이익을 위해서 행동해야 한다는 것을 의미한다.

이사의 충실의무

이사는 주주들을 대신하여 충실하게 자신의 직무를 수행해야 한다. 상법(제382조의3)에 따르면 "이사는 법령과 정관의 규정에 따라 회사를 위하여 그 직무를 충실하게 수행하여야 한다"고 규정되어 있다.

이는 이사가 자신의 직무를 수행하는 과정에서 사적인 이익을 도모하지 않고 기업과 주주의 이익을 위해 충실하게 일해야 하는 의무가 있음을 의미한다. 즉 이사는 자신과 특정인의 이익이 아닌 기업과 주주의 이익이 우선하여 행동하여야 한다.

이사의 선관주의의무

선관주의의무란 이사가 선량한 관리자로서 주의의무를 기울여야 함을 의미한다. 상법(제382조 제2항)에 따르면 "회사와 이사의 관계는 민법의 위임에 관한 규정을 준용한다"로 규정되어 있다. 이는 이사가 주주로부터 권한을 위임받은 자이므로, 기업과 주주의 이익을 위해서 신중한 주의를 기울여 합리적인 경영상 판단을 내려야 할 의무가 있음을 의미한다. 즉 이사는 자신의 지위 및 직무에 따라 일반적으로 요구되는 정도의 주의를 기울여야 한다.

이사의 비밀유지의무

이사는 직무상 알게 된 회사의 비밀을 누설해서는 안 된다. 상법(제382조의4)에 따르면 "이사는 재임 중뿐만 아니라 퇴임 후에도 직무상 알게 된 회사의 영업상 비밀을 누설하여서는 아니된다"로 규정되어 있다.

이사의 보고의무

이사는 감사 또는 감사위원회의 요청에 따른 수동적인 보고의 의무뿐만 아니라, 회사의 손해가 예상될 때 적극적으로 나서서 보고해야 할 의무를 지닌다. 상법(제412조의2)에 따르면 "이사는 회사에 현저하게 손해를 미칠 염려가 있는 사실을 발견한 때에는 즉시 감사(또는 감사위원회)에게 이를 보고하여야 한다"로 규정되어 있다.

이사회의 구성

이사의 선임

이사회의 구성원은 이사이다. 주식회사의 이사의 선임은 주주총회를 통해 결정된다(상법 제296조). 주식회사의 이사회는 3인 이상의 이사로 구성되어야 하며 임기는 3년이다. 주주총회에서 이사의 선임은 발행주식총수의 과반 이상에 해당하는 주주의 출석으로, 출석인원의 과반수 이상의 동의가 필요하다.

주주총회에서 이사의 선임은 주주의 투표로 이루어진다. 주주총회에서의 투표는 주주가 직접적으로 기업을 통제할 수 있는 주요 수단이다. 주주총회에서 주주는 투표를 통해 의결권을 행사한다. 주주의 의결권voting right은 주주총회에서 이루어지는 의사결정과정에서 자신의 의사표시를 할 수 있는 지분적으로 참여가능한 권리를 의미한다.

이사회의 의장

이사회의 의장은 경영진을 감독하는 기능을 하는 이사회의 리더이다. 그런데 많은 수의 기업에서 이사회의 의장을 최고경영자가 겸임하고 있다. 최고경영자가 기업을 경영하고 있는 동시에, 이사회의 의장으로서 이사회를 소집하고 회의안건을 선정하는 절차를 수행하고 있다. 즉 최고경영자가 경영진의 리더인 동시에 이사회의 리더로서 함께 활동함으로써 동일한 사람이 기업의 주요 의사결정에 전반적인 영향을 미치고 있다.

앞서 살펴본 바와 같이 이사회의 주요 기능은 최고경영자에 대한 감독 및 선임, 해임, 평가에 있다. 그러나 이사회 의장을 최고경영자가 맡게 된다면, 이사회가 수행해야 할 최고경영자에 대한 감독의 기능이 제대로 수행될 것인가에 대한 의문이 제기된다. 즉 최고경영자가 의장을 맡고 있는 상황하에서, 이사회가 최고경영자에 대한 올바른 평가를 수행할 수 있을지, 주주에게 해를 끼친 경영진을 해임할 수 있을지, 그리고 최고경영자가 제안한 안건에 대해서 적절한 문제제기를 할 수 있을지에 대한 많은 비판이 제기된다.

〈표 3.3〉 최고경영자와 이사회 의장이 분리된 기업의 수와 비율

패널 A. 유가증권시장에서 최고경영자와 이사회 의장이 분리된 기업의 수와 비율

	2007년	2008년	2009년	2010년	2011년	2012년
기업 수	27	30	44	43	62	64
비율(%)	3.54%	3.50%	5.67%	4.49%	9.43%	8.59%

패널 B. 코스닥시장에서 최고경영자와 이사회 의장이 분리된 기업의 수와 비율

	2007년	2008년	2009년	2010년	2011년	2012년
기업 수	4	8	7	5	7	4
비율(%)	0.42%	0.79%	0.68%	0.52%	0.83%	0.45%

출처 : 한국기업지배구조원, “기업지배구조 백서. 2012”

이사회 내 소위원회

많은 수의 기업에서 이사회 내에 소위원회 제도를 적극 활용하고 있다. 즉 이사회의 업무 중 주요 의사결정과정에서의 능률과 전문성을

높이기 위해 전체가 아닌 소수가 작은 위원회로 모여 직무를 수행하는 것이다. 특히 독립성이 요구되는 감사위원회, 보수위원회, 선임위원회 등은 사외이사를 중심으로 구성하고 있다.

감사위원회audit committee는 이사회 내 소위원회로 주식회사의 감사를 고유 직무권한으로 하는 합의제 의결기관이다(상법 제415조의2). 감사위원회는 기본적인 감사 업무에 대한 검토의무를 지닌다. 감사위원회는 재무제표 감사를 위한 외부감사인을 선임하고, 외부감사인이 그 업무를 적절히 수행하고 있는지에 대한 검토를 한다. 감사위원회의 총원은 3명 이상의 이사로 구성하며, 3분의 2 이상은 사외이사이어야 한다. 이사회 내에서 감사위원회의 역할은 특히 중요하다고 할 수 있다. 그 이유는 감사위원회가 재무보고와 내부통제에 대한 업무를 관리 감독하므로 실제적으로 최고경영자를 모니터링하는 역할을 수행하기 때문이다.

미국에서는 1940년대에 증권감독위원회SEC에서 감사위원회 설치를 권장했고 1977년에 뉴욕증권거래소에서 거래소 상장기업의 감사위원회의 설치를 의무화하였다. 우리나라에서는 2000년 증권거래법 개정으로 자산 2조원 이상의 상장법인의 감사위원회 도입을 의무화하였다.

보수(보상)위원회compensation committee는 최고경영자를 포함한 이사들의 급여, 현금보너스, 스톡옵션 등에 대한 모든 보상을 기안하고 확정하는 책임을 지닌다. 기업이 보수위원회를 독립적인 사외이사로 구성하는 이유는 최고경영자의 보수를 최고경영자가 직접 결정하지 못하도록 하기 위함이다.

선임위원회nomination committee는 주주총회에서 선출할 이사회의 구성원인 이사후보에 대한 추천에 대한 책임을 지닌다. 일반적으로 많은 기업에서 선임위원회는 최고경영자와 사외이사들로 구성한다.

이 밖에도 기업들은 집행위원회, 재무위원회, 기업지배위원회 등을 이사회 내 소위원회로 두고 있다. 집행위원회executive committee는 이사회가 열리지 않는 기간에 이사회의 권한을 위임받아 활동하는 소위원회이고, 재무위원회finance committee는 회사의 재무적인 계획과 성과를 검토하고 평가하는 소위원회이며, 기업지배위원회corporate governance committee는 소위 이사회의 사무국 성격을 지니는 소위원회이다.

좋은 이사회가 되기 위한 조건

어떤 이사회가 좋은 이사회인가에 대한 논의는 학계와 실무계에서 매우 활발하게 진행되어 왔다. 기업지배구조 관점에서 좋은 이사회란 주주의 이익을 위해서 경영자가 일할 수 있는 통제장치로서의 기능을 원활하게 수행할 수 있는 이사회라 할 수 있다. 일반적으로 이사의 수가 적고 독립성과 전문성을 지니며, 이사들이 일정수준 이상의 주식을 보유하고 있으며 활발하게 활동하는 이사회가 좋은 이사회로 평가되고 있다.

이사의 수

이사회의 구성원인 이사의 수가 어느 정도가 되었을 때 가장 효과적인가에 대한 논의는 오래전부터 진행되어 왔다. 미국에서는 이사회 내의 이사의 수가 비교적 적을 때가 보다 효과적인 이사회로 보는 견해가 지배적이다. 이와 같은 견해는 "사공이 많으면 배가 산으로 올라간다too many cooks spoil the broth"라는 속담과 연계하여 이해할 수 있다. 어떤 일에 너무 많은 사람들이 관여하면 거꾸로 일을 망칠 수 있다는 것이다. 실제 미국에서는 과거 50년 전에 비해 상대적으로 이사회의 규모가 작아졌다. 우리나라 이사회도 미국과 마찬가지로 이사회 운영의 효율성을 높이기 위해 이사회 규모가 과거에 비해 축소되고 있는 추세이다. 적은 수의 이사로 구성된 이사회가 경영진을 모니터링하는 데 보다 효과적일 수 있고, 무임승차자 문제free rider problem에서도 보다 자유로울 수 있다는 것이다.

반대로 이사회의 수가 많은 경우가 더 효과적이라는 견해도 있다. 큰 이사회일수록 다수의 사외이사를 포함시킬 수 있고, 이사회에 요구되는 전문성을 갖춘 다양한 인물을 포함시킬 수 있다는 주장이다.

〈표 3.4〉 이사의 수

	2007년	2008년	2009년	2010년	2011년	2012년
유가증권시장	6.14	6.21	6.17	6.16	5.90	5.84
코스닥시장	4.90	4.91	4.98	4.85	4.79	4.67

출처 : 한국기업지배구조원, "기업지배구조 백서. 2012"

이사회의 독립성

이사회의 구성원 중 사외이사의 비중이 높을 때가 경영진을 감독하는 데 보다 효과적인 것으로 알려져 있다. 이사회의 가장 중요한 기능 중 하나가 경영진에 대한 감시와 감독에 있다. 그러나 이사회 구성원이 모두 사내이사로만 구성되어 있다면 경영진에 대한 감시와 감독을 하기에는 현실적으로 어려움이 있다. 예를 들어 이사회 내의 구성원이 모두 최고경영자와 관련성을 지닌 사내이사들로만 구성되어 있다면, 주주에게 불이익을 가져온 최고경영자를 해임하는 안건에 대해 결의하기가 쉽지 않을 것이다.

사외이사는 이사회 내에 독립적인 위치에 있는 이사가 경영자와 이사의 직무집행에 대한 감시와 감독을 수행하고 경영의사결정 과정에서 전문적인 조언과 자문을 제공하는 기능을 수행함으로써 기

〈표 3.5〉 사외이사 관련 법규

1998년 2월	증권거래소 '유가증권상장규정' 개정, 모든 상장기업은 총 등기이사 수의 4분의 1 이상을 사외이사로 선임하도록 요구함(유가증권상장규정 제48조의5 제1항)
1999년	'증권거래법' 개정, 자산규모 2조원 이상의 상장법인은 사외이사 수를 3인 이상으로 하며 총 등기이사 수의 4분의 1 이상 2분의 1 미만으로 사외이사를 두도록 함
2001년	'증권거래법' 개정, 주권상장법인과 협회등록법인은 이사 수의 4분의 1 이상을 사외이사로 선임해야 함 자산총액 2조원 이상인 상장 및 협회등록 법인은 총 등기이사 수의 2분의 1 이상, 최소 3인을 사외이사로 할 것을 요구함(증권거래법 제191조의16 제1항, 제54조의5 제1항, 동법 시행령 제84조의23 제1항, 제2항)
2003년	'증권거래법' 개정, 감사위원회 구성과 사외이사의 활동 내용 공시를 의무화하고 사외이사후보추천위원회를 구성하는 등의 내용이 포함됨
2007년	'자본시장과 금융투자업에 관한 법률'(법률 8635호, 2007.8.3 공포, 2009.2.4 시행) 제정, 2009년 2월 「증권거래법」 폐지 대체됨
2009년	'상법' 개정, 상장회사에 대한 특례 신설(2009.1.30)

업 내부에서 통제기능을 수행한다. 즉 사외이사는 전문성과 독립성을 지닌 이사가 이사회 내에 위치함으로써 경영자의 감시와 감독, 조언과 자문 등을 담당하는 기능을 지닌다.

우리나라에 사외이사제도가 처음 도입된 시점은 1998년 2월 증권거래소의 '유가증권상장규정'이 개정되면서부터이며, 2001년에는 증권거래법에 동 규정이 도입되었다. 사외이사제도는 외환위기 이후 기업경영의 투명성 확보와 투자자의 권익 보호를 목적으로 기업지배구조 개선을 위해 도입되었다.

사례 3.2 거수기로 전락한 사외이사

총수일가의 독단적 경영에 브레이크를 걸어줘야 하는 사외이사들은 여전히 거수기 역할에 그치고 있다. 이사회 내 사외이사 비중은 50.1%로 전년(50.6%)과 유사했다.

하지만 최근 1년간(2017년 5월~2018년 4월) 대기업 상장사 253개사의 이사회 안건 810건 중 사외이사 반대 등으로 원안이 가결되지 않은 건은 26건에 불과했다. 부결 안건은 한 건도 없었다. 사외이사로서 감시·견제 장치로서의 역할을 제대로 못하고 있는 것이다.

출처 : 아시아경제, "총수일가 책임경영 '실종'… 사외이사 거수기 역할 여전," 2018.12.6

시가총액 20대 기업 사외이사 분석

기업	인원(명)	연봉(만원)	안건 찬성률
삼성전자	6	7800	100%
SK하이닉스	5	7800	100%
셀트리온	6	5800	100%
현대차	5	6900	100%
삼성바이오로직스	3	7800	100%
포스코	7	6200	100%
LG화학	4	6000	100%
네이버	4	6000	100%
KB금융	7	8500	100%
삼성물산	5	7800	100%
현대모비스	4	5300	100%
삼성생명	4	8100	100%
신한지주	10	6100	100%
SK	4	7900	98%
아모레퍼시픽	4	3000	100%
삼성SDS	4	7800	100%
SK이노베이션	5	9900	100%
SK텔레콤	5	8300	100%
LG전자	4	8400	100%
LG생활건강	4	7200	100%
합계	100	7130(평균)	-

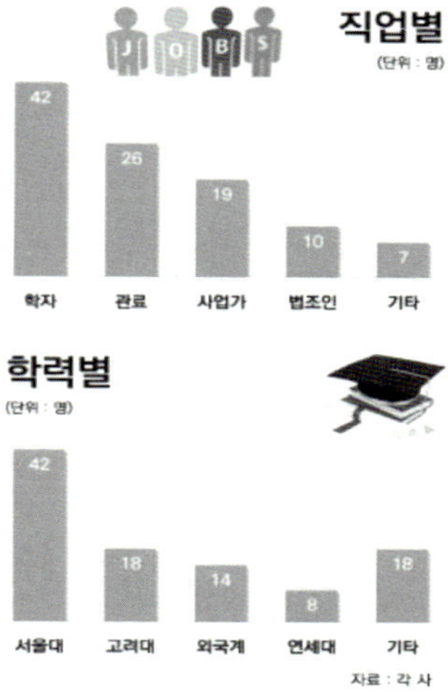

출처 : 인사이트, "[심층분석] 20대 기업 사외이사는 '거수기', 안건찬성률 99.9%," 2018.4.6

[그림 3.1] 거수기로 전락한 사외이사

▌이사회의 전문성

이사회의 이사들은 해당 기업의 핵심사업분야에 대한 전문성을 지닌 인물들로 구성될 때 효과적인 이사회가 될 수 있다. 이사들은 경영진이 제안하는 주요 영업 및 재무의사결정에 대한 결의를 수행하고, 경영진에게 시의적절한 조언과 자문을 제공하는 기능을 수행해야 한다. 따라서 이사들이 자신의 역할을 수행하는 데 필요한 전문성을 지녀야 한다.

이사에게 요구되는 전문성은 주로 회계전문성, 재무전문성, 경영전문성 등이다. 회계전문성과 재무전문성을 지닌 이사가 이사회의 구성원일 때 회계보고의 품질이 향상되고 회계부정의 발생확률이 감소할 수 있으며, 경영전문성을 지닌 이사가 이사회의 구성원일 때 급변하는 기업 외부환경의 기회 및 위협에서 경영진이 적절한 전략을 수립할 수 있도록 조언 및 자문을 제공할 수 있다.

사례 3.3 전문성 있는 사외이사 인력풀의 필요성

사외이사 교체과정에서 지나치게 획일화한 사외이사 풀을 다양화해야 한다는 지적도 크다. 현재 금융권 사외이사는 "금융, 경제, 경영, 법률, 회계 등 분야의 전문지식이나 실무경험이 풍부한 사람"이라는 자격 요건만 규정하고 있다.

현실에서는 주로 금융전공 교수나 금융관료가 사외이사의 절반을 차지하고 있다. 나머지는 금융회사나 법조인 출신으로 채워졌다. 경제개혁연구소의 자료에 따르면 사외이사 373명의 직업 분포는 교수가 29.8%로 가장 많고, 경제관료(22.8%), 금융인(17.7%), 변호사(9.4%) 등의 순이다. 주로 50~60대 남성 위주다. 현재 국내 4대 금융지주와 은행 사외이사 47명 가운데 여성은 5

명뿐이다.

그들만의 리그라는 얘기가 나올 정도로 좁은 사외이사 인력풀을 다양화하고 전문성을 갖춘 인재를 적극 영입해야 변화하는 금융환경에 대비할 수 있다는 게 금융권의 시각이다.

출처 : 이데일리, "내년 사외이사 선임 관전포인트는… 전문성 갖춘 인재 적극 발굴," 2018.12.27

이사의 주식소유

이사회의 이사들이 일정수준 이상의 주식을 소유할 때 주주 이익 증진을 위하여 더 적극적일 수 있다. 젠센Jensen과 메클링Meckling은 경영진의 지분율이 상승할 때 경영자가 기업의 가치를 감소시키는 행위가 감소한다고 한다.[2] 경영진의 주식 소유가 증가하면 주주와 경영진 간의 이해가 일치되어 대리인 문제가 감소한다는 것이다. 물론 반대로 경영진이 주식을 소유했을 때 주가 상승을 위하여 회계부정 및 이익조정을 시도하는 문제점도 발생할 수 있다(제2장 참조).

이사회의 활동성

이사회가 열심히 활동하고 있다면 더 좋은 이사회로 볼 수 있다. 즉 이사회의 개최횟수, 회의시간, 이사들의 참석률 등은 이사회의 활동성을 가늠할 수 있는 주요 지표들이다. 물론 기업에 좋지 않은 문제가 발생할 경우에 이사회의 개최횟수와 회의시간 등이 영향을 받게 된다. 즉 이사회를 많이 개최하고 회의시간이 길다고 해서 반드시 기업에게 좋은 상황으로 볼 수는 없다. 그러나 이사의 회의 참석률은 이사가 자신의 직무를 충실히 수행하고 있는가에 대한 하나의 지표가 될 수 있다.

좋은 이사회와 경영성과의 관련성

학계에서는 경영진을 견제할 수 있는 좋은 이사회가 기업의 경영성과를 높일 수 있는가에 대한 다양한 연구를 수행하였다. 즉 이사회의 규모, 독립성, 전문성, 활동성 등이 기업의 성과에 어떠한 영향을 미치는가에 대한 많은 연구들이 진행되었다. 그러나 좋은 이사회가 반드시 좋은 경영성과를 가져온다는 부분은 결론을 명확하게 내리지 못하였다. 경영진을 모니터링하는 데 적합한 이사회가 기업의 성과를 향상시키는가에 대해서는 여러 혼재된 실증결과가 존재한다.

이사회가 지닌 잠재적인 문제점

이사회가 경영진을 감독할 수 있는 기업내부통제장치로 작동하기 위해서는 경영진으로부터의 독립성은 필수적인 요소이다. 만약 이사회의 독립성이 부족할 경우에는 이사회는 경영진에 대한 견제기능을 제대로 수행할 수 없을 것이다.

대다수의 기업에서 이사회의 의장을 최고경영자가 겸임하고 있다

최고경영자가 이사회의 의장을 겸임하고 있을 때 이사회의 경영진에 대한 견제기능은 감소할 것이다. 그러나 대다수의 기업들이 이사회의 의장을 최고경영자가 겸임하고 있다. 이사회에 대한 최고경영자의 통제가 큰 상황에서 이사회가 경영진을 제대로 감독하기란 결코 쉬운 일이 아니다. 최고경영자가 의장을 겸임하고 있는 이사회에서 최고경영자에 대한 올바른 평가를 수행할 수 있을지, 주주에 해를 끼친 경영진을 해임할 수 있을지, 그리고 최고경영자가 제안한 안건에 대해서 적절한 문제제기를 할 수 있을지에 대해 많은 우려가 발생한다.

설령 이사회의 의장이 최고경영자가 아니더라도 이사회의 독립성은 여전히 문제될 수 있다. 특히 경영진으로부터의 이사회의 독립성을 확보하기 위해 사외이사제도를 도입하고 이사회 내에 많은 사외이사들을 선임하였지만 여전히 독립성에 대한 비판의 목소리가 있다.

사외이사 중에는 최고경영자와의 연고관계가 있는 경우가 있다

많은 사외이사들이 최고경영자와 학연, 지연, 사업적인 관계로 연고관계를 맺고 있는 경우가 있다. 사외이사 중에는 최고경영자와 같은 지역이나 같은 고등학교 출신일 경우가 있다. 최고경영자와 어떠한 형태로든 연고관계가 있는 사외이사가 이사회 내에서 과연 경영진에 대한 견제기능을 제대로 수행할 수 있을지에 대한 의문이 제기된다.

사례 3.4 사외이사와 최고경영자의 연고관계

대한항공의 사외이사 대부분 조 회장과 개인적인 인연이 있는 인물들로 채워져 제대로 된 견제 역할을 하지 못하고 있다는 지적이 나온다. 대한항공 사외이사에는 안용석 변호사와 지난 3월 신규 선임된 임채민 전(前) 보건복지부 장관(현 광장 고문) 등 현재 법무법인 광장 소속인 인물이 두 명이나 있다. 국내 3대 로펌 중 하나인 광장은 조 회장의 매형인 이태희 전 서울지법 판사가 설립한 곳이다. 이 전 판사는 1998년부터 2014년까지 대한항공 사내이사로 참여하기도 했다. 광장은 그간 대한항공 및 한진그룹의 각종 송사를 전담해왔다. 한진칼과 대한항공 두 곳에서 모두 사외이사를 맡고 있는 이석우 법무법인 두레 변호사도 조 회장의 경복고 동문이다. 이 변호사는 2007년 대한항공과 처음 인연을 맺어 사외이사 선임기간이 10년을 초과했다. 또 대한항공 사외이사인 김재일 서울대 경영대 교수도 이미 2002년부터 2011년까지 대한항공 사외이사로 선임된 바 있어 독립성에 논란이 있는 인물이다.

출처 : 한국경제, "4년간 8억 받아간 대한항공 사외이사들, 대부분이 조양호와 '사적 인연'," 2018.4.25

사외이사 중에는 이사로서의 직무를 수행하는 데 필요한 전문성이 부족한 경우가 있다

이사회의 이사들은 해당 기업의 핵심사업분야에 대한 전문성을 지닌 인물들로 구성될 때 효과적인 이사회가 될 수 있다. 이사들은 경영진이 제안하는 주요 영업 및 재무의사결정에 대한 결의를 수행하고, 경영진에게 시의적절한 조언과 자문을 제공하는 기능을 수행해야 한다.

그러나 우리나라 주요 대기업들은 전문성을 갖춘 사외이사 대신 국세청, 공정거래위원회 등 권력기관 출신이거나, 최고경영자와 친분이 있는 교수 출신 사외이사를 보다 선호하면서 이들이 '거수기' 역할에만 그친다는 우려도 제기되고 있다. 이러한 사외이사들은 기업 경영 전반에 대한 이해와 전문성이 부족하여 형식적인 역할에 그치고 있다는 지적이 있다.

사외이사 중에는 너무 많은 일을 하고 있어서 이사로서의 직무를 수행하는 데 필요한 시간과 노력을 기울일 수 없는 경우가 있다

일부 사외이사들은 상당한 시간과 노력이 요구되는 자신의 직업들을 가지고 있고, 자신의 직업에서 이미 많은 시간들을 보내고 있어서 이사회 활동에 적극적이지 않다는 비판들이 있다. 또한 어떤 사외이사들은 복수의 기업 이사회에 관여하고 있어서 자신이 속한 이사회 활동에 충분한 시간과 노력을 기울이지 않는다는 문제점도 제기된다.

이 밖에도 이사회에 대한 비판 중에는 이사들이 기업의 주식을 거의 소유하고 있지 않음으로써 발생하는 문제와 이사회의 규모가 적정하지 않고 활동성이 낮다는 비판들도 있다.

이사 중에는 오랫동안 활동해왔음에도 기업의 주식을 전혀 또는 거의 소유하고 있지 않은 경우가 있다

이사회 내에 있는 이사 중에는 오랫동안 이사로 활동해왔음에도 기업의 주식을 전혀 또는 거의 소유하지 않은 경우가 있다. 기업의 주식을 전혀 또는 거의 소유하지 않은 이사들은 주주의 이익을 증진시키기 위한 의사결정에 적극적인 행동을 하지 않을 가능성이 있다.

이사회의 규모가 적정하지 않고 활동성이 낮아서 비효율적인 경우가 있다

여전히 이사회 내의 이사의 수가 너무 많거나 너무 적다는 지적이 제기되고 있다. 또한 이사들이 활동적으로 이사회 활동을 하고 있지 않아서 비효율적이라는 비판도 있다.

이사회가 경영진을 감독할 수 있는 기업내부통제장치로 작동하기 위해서는 경영진으로부터의 독립성은 필수적인 요소이다. 만약 이사회의 독립성이 부족할 경우에는 이사회는 경영진에 대한 견제기능을 제대로 수행할 수 없을 것이다. 그러나 대다수의 기업에서 이사회의 의장을 최고경영자가 겸임하고 있고, 독립적이어야 할 사외이사 중에 최고경영자와의 연고관계가 있는 경우가 다수 있는가 하면, 이사직을 수행하는 데 전문성이 없거나 시간과 노력이 부족한 경우도 있다. 또는 이사 중에는 오랫동안 기업에 근무하면서도 기업의 주식을 전혀 또는 거의 소유하고 있지 않거나, 이사회 활동에 참여율이 낮은 경우도 있다. 이러한 이사회 내에 존재하는 잠재적인 문제점들은 이사들을 거수기로 전락시키고 경영진을 견제하는 고유기능을 수행하는 데 장애물이 되고 있다.

사례 3.5 이사회의 잠재적인 문제점

교보생명 3개 계열사의 사외이사 11명 중 8명이 전문성이나 독립성에서 문제가 있어 검증이 필요한 것으로 나타났다. 이들은 계열회사 임원 출신과 우호주주로 대표이사를 비롯한 경영진의 업무집행에 대한 감독·감시라는 사외이사의 역할을 제대로 수행할 수 있는지에 대한 의문을 제기하고 있다.

삼성은 현재 이재용 부회장의 형사소송을 대리하고 있는 법무법인 태평양 변호사와 고문을 비롯해 소송·자문 관계가 있는 로펌과 고위공직자 출신이 많아 역시 검증이 필요하다는 지적이다. 신한금융은 일본계 주주를 비롯한 우호주주와 계열회사 출신, 기업은행계열은 친정권 정치활동 경력 인사, 미래에셋은 고위공직자 출신, 한화는 계열회사 전직 임원들이 많은 것으로 나타났다.

그만큼 금융회사에는 검증이 필요한 사외이사 다수가 포진해 있다는 얘기다. 경제개혁연구소가 3일 공개한 '금융회사 사외이사 분석(2018)' 결과를 보면 국내 93개 금융회사의 사외이사 373명 중 검증이 필요한 사외이사는 162명으로 거의 절반에 가까운 43%에 이르는 것으로 조사됐다.

경제개혁연구소는 국유회사, 금융그룹, 기업집단, 금융기업집단 소속 총 93개 금융사의 지난 3월말 현재 재임중인 사외이사 총 373명을 대상으로 조사했다고 밝혔다.

이들의 전공분야를 보면 사외이사 373명 중 91.2%인 340명이 금융업 관련 분야 종사자(전공자)이고 기타 분야는 33명인 것으로 나타났다. 경제개혁연구소는 이들을 △전문성 △고위공직자·금융연구원 출신 △친정권 정치활동 △장기재직 △겸직문제 △이해관계·이해충돌 △학연 및 기타 친분관계 등 7가지 항목에 따라 보다 검증이 필요하다고 판단되는 사외이사들 현황을 조사한 결과, 검증이 필요한 사외이사는 총 162명으로 43.4%에 달했다고 밝혔다.

이 연구소는 이 비율이 지난 2016년 조사 때의 47.9%에서 43.4%로 다소 줄었으나 7개 항목에 비추어 볼 때 겸직문제, 친정권 정치활동, 학연 등이 줄어든 대신 고위공직자·금융연구원 출신, 이해관계·이해충돌은 늘었다고 밝혔다.

고위공직자·금융연구원 출신은 상대적으로 연임 비율이 높을 뿐만 아니라, 2017년에 17명, 2018년에는 10명이 새로 선임됐다. 이에 대해 경제개혁연대는 "정권교체기에 규제 변화에 대비하기 위해 고위공직자 출신을 적극 영입했다는 추정이 가능하다"고 밝혔다.

올해 검증이 필요한 사외이사 162명을 소속그룹별로 보면, 교보생명(72.7%), 삼성(63.2%), 태광(60.0%), 신한금융(58.5%), 기업은행계열(57.1%), 미래에셋(54.5%), 한화(53.3%) 등으로 분석됐다.

경제개혁연대는 “2016년에 비해 검증이 필요한 사외이사의 비중이 다소 줄기는 했으나 전체적으로 개선이 되고 있다고 보기는 어렵다”며 “금융회사지배구조법 시행에 따라 의무적으로 해소해야 하는 겸직문제나 장기재직, 학연 등 문제가 감소한 반면, 사외이사 자격이 주로 논란이 되는 고위공직자 출신이나 이해관계 또는 이해충돌이 있는 사외이사의 비중은 높아졌다. 사외이사를 로비스트 또는 방패막이 목적으로 활용하거나 지배주주나 경영진에 우호적인 인사로 채우려는 경향은 오히려 강화되고 있다”고 밝혔다.

이어 “금융위원회는 외부감시 및 이해관계자 참여를 보다 활성화해 사외이사의 문제점을 개선하는 방향으로 제도개선을 추진하고 있으나, 근본적으로 사외이사의 독립성 확보 및 이해충돌 방지를 위해 선임과정에서 소액주주의 영향력을 강화시키거나 법적 자격 요건을 보다 강화하는 방안을 함께 추진할 필요가 있다”고 강조했다.

한편 올해 금융회사들의 주총 등에서 교체된 사외이사 교체율(신규선임 비율)은 평균 27.9%로 나타났다. 국유회사들이 평균 66.7%로 사외이사의 3분의 2가 교체됐고 금융그룹은 29.3%, 금융기업집단 21.6%, 기업집단 20.4%의 신규선임 비율을 보였다.

사외이사 373명의 평균 재직기간은 해당 회사 548일, 과거 해당 회사 및 계열회사 사외이사 경력을 합산할 경우 622일, 선임당시 주어진 임기는 평균 1.6년인 것으로 나타났다. 373명의 사외이사 중 다른 회사 사외이사를 겸직하고 있는 이사는 총 65명이고, 법률 위반에 해당하는 경우는 없었다.

사외이사 373명의 직업 분포는 교수(29.8%), 경제관료(22.8%), 금융인(17.7%), 변호사(9.4%) 등의 순이었다. 사외이사들의 전공(종사)분야를 경제·경영·금융, 법률, 회계·세무, 정보기술 등 △금융업 관련 분야와 △기타 분야로 나누어 본 결과 사외이사 373명 중 91.2%인 340명이 금융업 관련 분야 종사자(전공자)이고 기타 분야는 33명이었다.

출처 : 금융소비자뉴스, "금융사 사외이사, '방패막이' 인사가 다수… 43%가 검증 필요," 2018.7.4

사례 3.6 이사회의 잠재적인 문제점 "사외이사의 전문성"

조현민 전 대한항공 전무의 '물컵 갑질' 사건이 조양호 한진그룹 회장 일가의 밀수·탈세 의혹으로 번지면서 사태가 일파만파 커지고 있다. 조 회장 일가 스스로도 문제가 많지만 경영진 전횡을 막고 감시·견제 역할을 해야 할 한진그룹 사외이사들에 대한 비판의 목소리도 크다. 사외이사들이 오너 눈치만 보면서 내부감시 시스템이 제대로 작동하지 않아 이런 사태를 불러왔다는 지적이 적잖다.

한진뿐 아니다. 한국 경제를 이끌어온 주요 대기업들이 전문성을 갖춘 사외이사 대신 국세청, 공정거래위원회 등 권력기관이나 오너와 친분이 있는 교수 출신 사외이사를 선호하면서 이들이 '거수기' 역할에 그친다는 우려도 나온다. 심지어 재계에서는 "참여정부 시절 요직을 맡았다면 대부분 기업 사외이사 직함 하나씩은 꿰차고 있다"는 얘기까지 나돌 정도다.

▶ 정권 따라 춤추는 사외이사 – 국세청·공정위·금융위 출신 포진

과거 사외이사 자리는 정권 핵심 관계자들이 '논공행상' 식으로 나눠먹는 행태가 빈번했다. 최근 사외이사는 정권이 직접 찍어 내려보내기보다 기업들이 현 정권과 인연이 깊은 인사들을 중심으로 진용을 꾸리고 있다. 이명박·박근혜정부 시절에는 기업들의 애로사항을 전달해줄 '메신저'들이 인기였다면 문재인정부 들어서는 '방패막이'가 돼줄 인물들이 사외이사로 대거 선임됐다는 분석도 나온다.

대신지배구조연구소의 '2018년 주주총회 임원 선임 안건 분석' 보고서에 따르면 올해 주총에서 사외이사를 선임한 30대 그룹 상장기업(111개사)의 사외이사 198명 중 3대 권력기관 출신 비중이 무려 35.4%(48명)에 달했다. 대기업 사외이사 10명 중 3명 이상이 권력기관 출신이라는 의미다. 3대 권력기관은 국세청, 금융감독원, 공정거래위원회, 감사원, 금융위원회 등 '감독기관'과 검찰·법원 등 '사법기관,' 주요 부처 '장차관'을 의미한다. 권력기관 출신 비중은 2016년 31.8%에서 2년 새 3.6%포인트 높아지는 등 권력기관 선호 현상이 두드러졌다.

그룹별로 보면 롯데그룹에 권력기관 출신이 많았다. 롯데는 사외이사 7명을 올해 주총에서 뽑았는데 7명 모두 권력기관 출신이다. 2016년에도 권력기관 출신이 56.3%로 낮지는 않았지만 올해는 사외이사 전부를 권력기관 출신으로 뽑았다. SK그룹도 권력기관 출신 사외이사 비중이 2016년 주총(27.3%)보다 증가한 33.3%로 집계됐다. 안상희 대신지배구조연구소 본부장은 "권력기관 출신 사외이사가 많은 것은 기업들이 대관 업무를 강화하기 위한 목적이 크다. 특정분야 출신 사외이사 선임이 집중되면서 이사회의 다양성·전문성 확보에 부정적인 영향을 미칠 수밖에 없다"고 전했다.

10대 그룹으로 범위를 좁혀 보면 권력기관 출신 선호 경향이 더욱 두렷해진다. 재벌닷컴이 10대 그룹 상장사 신임·재선임 사외이사진을 분석한 결과에 따르면 132명의 사외이사 중 46명(34.8%)이 주요 부처 장차관과 기획재정부, 국세청, 금융감독원, 공정거래위원회 등 권력기관 출신이다. 이 가운데 장차관 출신이 12명으로 가장 많았다.

특히 '재계의 검찰'로 통하는 공정거래위원회 출신들을 '모셔가려는' 기업이 줄을 섰다. 총수일가가 지배구조상 약점이 있다고 평가받는 기업들에서 이런 경향이 뚜렷했다. 정의선 부회장 승계 문제가 매듭지어지지 않은 현대차가 대표적이다. 현대차는 이동규 전 공정위 사무처장을 사외이사로 재선임했고 기아차는 한철수 전 공정위 사무처장을 새 사외이사로 선임했다. 현대글로비스는 이동훈 전 공정위 사무처장을 사외이사로 재선임했다.

경제정책의 컨트롤타워 역할을 하는 기획재정부나 금융위원회 출신도 곳곳에 퍼져 있다. GS는 현오석 전 기획재정부 장관 겸 경제부총리를, 현대중공업은 권오규 전 재정경제부 장관 겸 부총리를 각각 사외이사로 신규 선임했다.

업종별로 보면 금융권에서 대선 캠프 출신이거나 문 대통령과 학연·지연 등이 있는 인물들의 영입이 두드러졌다.

IBK기업은행은 노조위원장 출신의 김정훈 민주금융발전네트워크 전문위원을 새 사외이사에 선임했다. 민주금융발전네트워크는 지난 대선 당시 금융권 최초로 문재인 대통령 후보 지지선언을 했던 시민단체다. 신한금융과 하나금융은 문 대통령의 사법연수원 동기(12기)인 박병대 전 대법관과 박시환 전 대법관에게 각각 사외이사 자리를 맡겼다.

건설업체들도 최근 권력기관 출신 사외이사를 대거 영입한 것으로 드러났다. 지주사 전환에 나선 현대산업개발은 올해 주총에서 기획재정부 1차관과 금융위원장을 지낸 경제관료 출신 신제윤 법무법인 태평양 고문을 사외이사로 영입했다. 창원지방법원 부장판사 출신인 김진오 법무법인 동인 변호사도 사외이사로 들였다. GS건설은 검찰총장 출신 정상명 변호사를, 계룡건설산업은 서울지방국세청장 자리를 거친 이병국 이촌세무법인 회장을 사외이사로 영입하는 등 권력기관 출신이 두각을 나타났다.

건설업계 관계자는 "업종 특성상 소송이 잦고 담합 등 정부 규제에 시달리는 만큼 권력기관 출신 사외이사 선호 현상이 뚜렷해지는 중"이라고 전했다. 특히 논란의 중심에 선 한진그룹 사외이사들을 두고서도 말들이 많다. 금융감독원 전자공시시스템에 따르면 한진그룹 지주사인 한진칼과 대한항공은 각각 3명, 5명의 사외이사를 뒀다. 이들은 조현아 전 부사장의 '땅콩 회항' 사건이 일어난 2014년부터 지난해까지 4년간 총 8억 4,397만원을 보수로 챙겨갔다. 한진칼과 대한항공이 이들에게 지급한 비용만 매년 2억 1,349만원에 달한다.

하지만 사외이사 대부분이 항공 산업 전문성은커녕 조 회장과 개인적인 인연이 있는 인물들로 채워졌다는 비판이 나온다. 대한항공 사외이사 중 안용석 변호사와 임채민 전 보건복지부 장관(현 법무법인 광장 고문) 등이 법무법인 광장 소속이다. 국내 3대 로펌 중 한 곳인 광장은 조양호 회장의 매형인 이태희 전 서울지방법원 판사가 설립한 곳으로 유명하다.

한진칼도 마찬가지다. 한진칼 사외이사 중 한 명인 김종준 법무법인 태평양 고문은 조 회장의 경복고 후배다. 한진칼과 대한항공 두 곳에서 사외이사를 맡아온 이석우 법무법인 두레 변호사도 조 회장의 경복고 동문이다. 이 변호사는 2007년부터 지난해까지 무려 10년간 대한항공 사외이사를 맡아왔다.

한진그룹 사외이사들은 화려한 스펙을 자랑하지만 정작 제 역할을 하지 못했다는 비판이 적잖다. 금감원 전자공시에 따르면 2013년부터 지난해까지 한진칼과 대한항공 이사회 의안에 대해 사외이사들이 반대 의견을 낸 경우는 단 한 건도 없었다.

▶ 사외이사, 그들만의 리그 – 거액 연봉에 차량・기사까지

사외이사들은 소속 기업 이사회가 올바른 의사결정을 하도록 관리 감독할 책무가 있지만 제 역할을 못하고 있다는 지적이 끊이지 않는다. 이유는 명확하다. 재계에서 사외이사는 최고의 노후 재테크 수단으로 통한다. 주요 기업 사외이사들은 많게는 억대 연봉을 받고 있는 것으로 나타났다. 견제 · 감시해야 할 소속 기업으로부터 수천만원대 연봉을 받는 구조 아래서는 사외이사 기능이 제대로 작동할 수 없다고 전문가들은 입을 모았다.

지난해 사업보고서 기준 시가총액 상위 20대 기업의 사외이사는 총 100명으로 이들은 평균 7,130만원 연봉을 받는 것으로 나타났다. SK이노베이션이 9,900만원으로 가장 많았고 KB금융(8,500만원), LG전자(8,400만원), SK텔레콤(8,300만원), 삼성생명(8,100만원), (주)SK(7,900만원), 삼성전자(7,800만원) 등의 순이다.

주요 기업 경영진은 40대 CEO가 심심찮게 등장하지만 사외이사진은 60~70대가 적잖다. 시가총액 상위 20대 기업의 사외이사 평균 연령은 62세다. 검찰총장 출신으로 올해 68세인 송광수 삼성전자 사외이사는 두산 사외이사를 겸직한다. 그는 삼성전자에 연 9,000만원, 두산에 연 6,600만원을 받았다. 두 곳 연봉을 더하면 1억 5,600만원에 달한다.

가장 인기가 높다는 주요 금융지주 사외이사 처우는 입이 떡 벌어질 정도다. 매월 400만원가량의 기본급에 이사회 의장, 리스크관리위원장, 사외이사후보추천위원장, 감사위원장 등 직책 중요도에 따라 50만~100만원 정도의 수당이 추가된다. 회의에 참석할 때마다 '거마비' 성격인 수십만원의 수당은 덤이다. 회의가 열릴 때마다 차량과 기사가 제공되는 것은 물론이고 사외이사 본인은 물론 가족들까지 건강검진을 지원받는 사례도 부지기수다.

익명을 요구한 전직 사외이사는 "현행 상법상 상장사 사외이사는 최대 2곳까지 등기임원(이사 · 감사 · 집행임원) 겸직이 가능하다. 은퇴 후 상장사 2곳의 사외이사를 맡으면 비상근 겸직 만으로도 억대 연봉을 받을 수 있다. 주요 상장사 사외이사 자리는 대기표 받기가 하늘의 별 따기"라고 털어놨다.

▶ 이사회 중심 경영은 글로벌 트렌드 – 삼성전자, 이사진 다양성 강화 눈길

사외이사는 '거수기'에 불과하다는 재계 안팎의 눈총은 여전하다. 그럼에도 변화의 움직임은 분명히 있다. 다양한 배경과 전문성을 고루 갖춘 사외이사를 중용해 이사회 중심의 의사결정 구조를 정착시키려는 움직임이 차츰 확산되고 있다.

변화의 선봉에 선 곳은 삼성그룹이다. 삼성 주요 계열사는 2016년 초 정관 개정을 통해 대표이사 외 이사들 중에서 이사회 의장이 나올 수 있도록 했다. 덕분에 이사회가 대표이사의 영향력에서 벗어나 독립적으로 활동할 수 있는 단초가 됐다는 평가다.

한 예로 삼성전자는 최근 주총에서 김종훈 키스위 모바일 회장을 신임 사외이사로 선임했다. 김 회장은 한국계 미국인으로 미국 벨연구소 최연소 사장 출신이다. 미국에서 통신장비업체 유리시스템즈를 설립해 1조원대에 매각한 벤처 1세대 선두주자로 평가받는다. 삼성전자는 여성 최초 법제처장을 지낸 김선욱 전 이화여대 총장 역시 새 사외이사로 선임했다. 삼성전자 이사회에서 외국인과 여성이 사외이사로 동시에 활약하는 진풍경이 펼쳐지는 것은 이번이 처음이다.

사외이사진 운영 방식도 과거보다 한층 투명해졌다는 평가다. 현대차그룹은 그룹사 투명경영위원회의 주주권익 보호담당 사외이사 후보를 국내외 일반 주주들로부터 공모를 받아 선임한다. 주주권익 보호담당 사외이사는 이사회와 주주 간 소통 가교 역할을 담당한다. SK는 2016년부터 사외이사로만 구성된 거버넌스위원회를 만들어 운영 중이다.

그러나 이런 변화에서 멀찌감치 떨어져 있는 기업도 적잖다. 민간기업이면서도 정부 입김에서 자유롭지 못한 KT와 포스코가 대표적이다. KT는 참여정부 시절 핵심 인사였던 이강철 전 대통령

비서실 시민사회수석비서관과 김대유 전 청와대 경제정책수석을 새 사외이사로 영입했다. 포스코는 참여정부 시절 대통령정책관리비서관, 산업정책비서관, 중소기업청장을 지낸 김성진 전 해양수산부 장관을 새 사외이사로 선임했다.

▶ 사외이사 독립 · 공정성 확보하려면 – 대표 영향력 배제… 주주위 활성화해야

사외이사 논란의 핵심은 독립성이다. 주요 선진국에서는 사외이사의 독립성 확보를 가장 우선순위에 둔다.

미국은 엔론 회계부정 사태 이후 도입됐던 '사베인스-옥슬리법'에 따라 사외이사후보추천위원회(사추위)에 CEO 참여를 원천봉쇄했다. 뉴욕증권거래소(NYSE)는 상장 규정에서 전원 사외이사로 구성된 사추위를 의무적으로 설치하도록 했다. 사외이사 자격조건에 능력, 자질뿐 아니라 업무에 집중할 수 있는 시간도 중요요건으로 고려하는 등 실질적인 독립성 확보에 주력한다는 점도 우리와 차이가 있다. 최근 우리나라 금융당국은 사외이사 추천에 CEO의 참여 배제 등을 골자로 한 지배구조 개선안을 추진 중이지만 선진국과 비교해 아직 갈 길이 멀다는 것이 다수 전문가 진단이다.

고동원 성균관대 법학전문대학원 교수는 "현행 사외이사제는 대표이사 입김이 커 사외이사가 된 사람도 대표이사 영향 아래 놓일 수밖에 없다. 사외이사 후보군을 금융협회 등 제3의 기관에서 관리할 필요가 있다"고 주장했다. CEO 인맥이 아닌 제3의 추천을 통해 사외이사의 공정성과 독립성을 담보할 수 있다는 논리다. 미국 변호사인 이지수 법과경제문제연구소장은 다 양한 사외이사 후보군을 적극 육성할 것을 제안했다. 이 소장은 "교수나 전직 관료 일색에서 벗어나 현업에서 경험을 쌓은 현장 전문가를 적극 중용하는 해외 사례를 참고할 필요가 있다"고 목소리를 높였다.

근본적으로 주주의 권한과 목소리를 강화할 필요가 있다는 주장도 나온다. 박경서 고려대 경영학과 교수는 "경영권 승계, 임원 선임 등 국내 기업들의 지배구조 문제는 주주 역할이 부재하기 때문"이라며 "정관상 1% 이상의 지분을 보유한 주주들이 참여하는 주주위원회 제도를 도입해 이사 후보를 추천하는 등 경영감시 역할을 해야 한다"고 제안했다.

이사회 운영도 보다 정교해질 필요가 있다는 지적이다. 황인태 중앙대 경영학부 교수는 "이사회 규모가 통상 10명 안팎으로 소규모라는 점을 고려하면 안건의 중요도에 따라 이사회 결의 방법에 차등을 둘 만하다"라며 "전문지식을 필요로 하는 위원회는 전문가들로 위원회를 구성하고 이사들간 이해상충이 되는 업무는 관련 이사를 미리 배제하는 등의 보완책이 필요하다"고 강조했다.

출처 : 매경이코노미, "30대 그룹 사외이사 해부해보니 참여정부×권력기관 전성시대," 2018.5.25

요 약

대리인 문제 해결을 위한 기업지배구조 측면의 접근으로 기업 내부 이사회의 모니터링이 있다. 이사회는 기업의 조직구조에서 가장 상층부에 있는 조직이라는 점에서 경영자를 통제하는 데 가장 중요한 내부통제장치로 볼 수 있다. 이사회는 주주를 대신하여 경영진을 감독하고, 경영진에 대한 선임, 해임, 평가를 하며, 경영진이 제안한 중요한 재무적 · 영업적 의사결정에 대한 결의를 하고, 경영진에게 조언과 자문을 제공하는 기능을 수행한다.

이사회가 경영진을 감독할 수 있는 기업내부통제장치로 제대로 작동하기 위해서는 경영진으로부터의 독립성은 필수적인 요소이다. 만약 이사회의 독립성이 부족할 경우에는 이사회는 경영진에 대한 견제기능을 제대로 수행할 수 없을 것이다. 그러나 대다수의 기업에서 이사회의 의장을 최고경영자가 겸임하고 있고, 독립적이어야 할 사외이사 중에 최고경영자와의 연고관계가 있는 경우가 다수 있는가 하면, 이사직을 수행하는 데 전문성이 없거나 시간과 노력이 부족한 경우도 있다. 또는 이사 중에는 오랫동안 기업에 근무하면서도 기업의 주식을 전혀 또는 거의 소유하고 있지 않거나, 이사회 활동에 참여율이 낮은 경우도 있다. 이러한 이사회 내에 존재하는 잠재적인 문제점들은 이사들을 거수기로 전락시키고 경영진을 견제하는 고유기능을 수행하는 데 장애물이 되어 왔다.

우리나라는 1997년 외환위기 이후 정부가 나서서 기업지배구조의 문제점을 개선하면서 가장 시급하게 중점을 두고 개선했던 부분이 바로 이사회에 대한 개선이었다. 그만큼 이사회는 기업지배구조적인 측면에서 경영진의 견제기능을 수행할 수 있는 가장 중요한 내부통제장치이기 때문이다. 물론 과거 정부가 제도적 개선을 통해 기업지배구조 개선에 나섰던 일은 매우 시의적절했다고 할 수 있다. 그러나 이사회가 제 기능을 발휘하기 위해서는 제도적 개선뿐만 아니라 기업 스스로가 자신의 기업에 맞는 이사회의 적절한 규모를 설정하고, 이사회의 독립성, 전문성, 활동성을 높이기 위한 자구적인 노력을 기울이는 것이 더 중요하다고 보인다.

참고 1 : 이사회 관련 「상법」 조항

제382조(이사의 선임, 회사와의 관계 및 사외이사) ① 이사는 주주총회에서 선임한다.

② 회사와 이사의 관계는 「민법」의 위임에 관한 규정을 준용한다.

③ 사외이사(社外理事)는 해당 회사의 상무(常務)에 종사하지 아니하는 이사로서 다음 각 호의 어느 하나에 해당하지 아니하는 자를 말한다. 사외이사가 다음 각 호의 어느 하나에 해당하는 경우에는 그 직을 상실한다. 〈개정 2011.4.14〉

1. 회사의 상무에 종사하는 이사 · 집행임원 및 피용자 또는 최근 2년 이내에 회사의 상무에 종사한 이사 · 감사 · 집행임원 및 피용자
2. 최대주주가 자연인인 경우 본인과 그 배우자 및 직계 존속 · 비속
3. 최대주주가 법인인 경우 그 법인의 이사 · 감사 · 집행임원 및 피용자
4. 이사 · 감사 · 집행임원의 배우자 및 직계 존속 · 비속
5. 회사의 모회사 또는 자회사의 이사 · 감사 · 집행임원 및 피용자
6. 회사와 거래관계 등 중요한 이해관계에 있는 법인의 이사 · 감사 · 집행임원 및 피용자
7. 회사의 이사 · 집행임원 및 피용자가 이사 · 집행임원으로 있는 다른 회사의 이사 · 감사 · 집행임원 및 피용자

제383조(원수, 임기) ① 이사는 3명 이상이어야 한다. 다만, 자본금 총액이 10억원 미만인 회사는 1명 또는 2명으로 할 수 있다. 〈개정 2009.5.28〉

② 이사의 임기는 3년을 초과하지 못한다. 〈개정 1984.4.10〉

③ 제2항의 임기는 정관으로 그 임기 중의 최종의 결산기에 관한 정기주주총회의 종결에 이르기까지 연장할 수 있다. 〈개정 1984.4.10〉

第385조(해임) ① 이사는 언제든지 제434조의 규정에 의한 주주총회의 결의로 이를 해임할 수 있다. 그러나 이사의 임기를 정한 경우에 정당한 이유없이 그 임기만료 전에 이를 해임한 때에는 그 이사는 회사에 대하여 해임으로 인한 손해의 배상을 청구할 수 있다.
② 이사가 그 직무에 관하여 부정행위 또는 법령이나 정관에 위반한 중대한 사실이 있음에도 불구하고 주주총회에서 그 해임을 부결한 때에는 발행주식의 총수의 100분의 3 이상에 해당하는 주식을 가진 주주는 총회의 결의가 있은 날부터 1월내에 그 이사의 해임을 법원에 청구할 수 있다. 〈개정 1998.12.28〉

第386조(결원의 경우) ① 법률 또는 정관에 정한 이사의 원수를 결한 경우에는 임기의 만료 또는 사임으로 인하여 퇴임한 이사는 새로 선임된 이사가 취임할 때까지 이사의 권리의무가 있다.
② 제1항의 경우에 필요하다고 인정할 때에는 법원은 이사, 감사 기타의 이해관계인의 청구에 의하여 일시 이사의 직무를 행할 자를 선임할 수 있다. 이 경우에는 본점의 소재지에서 그 등기를 하여야 한다. 〈개정 1995.12.29〉

第389조(대표이사) ① 회사는 이사회의 결의로 회사를 대표할 이사를 선정하여야 한다. 그러나 정관으로 주주총회에서 이를 선정할 것을 정할 수 있다.
② 전항의 경우에는 수인의 대표이사가 공동으로 회사를 대표할 것을 정할 수 있다.

第390조(이사회의 소집) ① 이사회는 각 이사가 소집한다. 그러나 이사회의 결의로 소집할 이사를 정한 때에는 그러하지 아니하다.
② 제1항 단서의 규정에 의하여 소집권자로 지정되지 않은 다른 이사는

소집권자인 이사에게 이사회 소집을 요구할 수 있다. 소집권자인 이사가 정당한 이유 없이 이사회 소집을 거절하는 경우에는 다른 이사가 이사회를 소집할 수 있다. 〈신설 2001.7.24〉

③ 이사회를 소집함에는 회일을 정하고 그 1주간 전에 각 이사 및 감사에 대하여 통지를 발송하여야 한다. 그러나 그 기간은 정관으로 단축할 수 있다. 〈개정 1984.4.10〉

④ 이사회는 이사 및 감사 전원의 동의가 있는 때에는 제3항의 절차 없이 언제든지 회의할 수 있다. 〈개정 1984.4.10, 2001.7.24〉

제391조(이사회의 결의방법) ① 이사회의 결의는 이사과반수의 출석과 출석이사의 과반수로 하여야 한다. 그러나 정관으로 그 비율을 높게 정할 수 있다.

② 정관에서 달리 정하는 경우를 제외하고 이사회는 이사의 전부 또는 일부가 직접 회의에 출석하지 아니하고 모든 이사가 음성을 동시에 송수신하는 원격통신수단에 의하여 결의에 참가하는 것을 허용할 수 있다. 이 경우 당해 이사는 이사회에 직접 출석한 것으로 본다. 〈신설 1999.12.31, 2011.4.14〉

제391조의2(감사의 이사회출석 · 의견진술권) ① 감사는 이사회에 출석하여 의견을 진술할 수 있다.

② 감사는 이사가 법령 또는 정관에 위반한 행위를 하거나 그 행위를 할 염려가 있다고 인정한 때에는 이사회에 이를 보고하여야 한다.

제391조의3(이사회의 의사록) ① 이사회의 의사에 관하여는 의사록을 작성하여야 한다.

② 의사록에는 의사의 안건, 경과요령, 그 결과, 반대하는 자와 그 반대이유를 기재하고 출석한 이사 및 감사가 기명날인 또는 서명하여야 한

다. 〈개정 1995.12.29, 1999.12.31〉
③ 주주는 영업시간 내에 이사회의사록의 열람 또는 등사를 청구할 수 있다. 〈신설 1999.12.31〉
④ 회사는 제3항의 청구에 대하여 이유를 붙여 이를 거절할 수 있다. 이 경우 주주는 법원의 허가를 얻어 이사회의사록을 열람 또는 등사할 수 있다. 〈신설 1999.12.31〉

제542조의4(주주총회 소집공고 등) ① 상장회사가 주주총회를 소집하는 경우 대통령령으로 정하는 수 이하의 주식을 소유하는 주주에게는 정관으로 정하는 바에 따라 주주총회일의 2주 전에 주주총회를 소집하는 뜻과 회의의 목적사항을 둘 이상의 일간신문에 각각 2회 이상 공고하거나 대통령령으로 정하는 바에 따라 전자적 방법으로 공고함으로써 제363조 제1항의 소집통지를 갈음할 수 있다.
② 상장회사가 이사·감사의 선임에 관한 사항을 목적으로 하는 주주총회를 소집통지 또는 공고하는 경우에는 이사·감사 후보자의 성명, 약력, 추천인, 그 밖에 대통령령으로 정하는 후보자에 관한 사항을 통지하거나 공고하여야 한다.
③ 상장회사가 주주총회 소집의 통지 또는 공고를 하는 경우에는 사외이사 등의 활동내역과 보수에 관한 사항, 사업개요 등 대통령령으로 정하는 사항을 통지 또는 공고하여야 한다. 다만, 상장회사가 그 사항을 대통령령으로 정하는 방법으로 일반인이 열람할 수 있도록 하는 경우에는 그러하지 아니하다.

제542조의5(이사·감사의 선임방법) 상장회사가 주주총회에서 이사 또는 감사를 선임하려는 경우에는 제542조의4 제2항에 따라 통지하거나 공고한 후보자 중에서 선임하여야 한다.

참고 2 : 사외이사 관련 「상법」 조항

제542조의8(사외이사의 선임) ① 상장회사는 자산 규모 등을 고려하여 대통령령으로 정하는 경우를 제외하고는 이사 총수의 4분의 1 이상을 사외이사로 하여야 한다. 다만, 자산 규모 등을 고려하여 대통령령으로 정하는 상장회사의 사외이사는 3명 이상으로 하되, 이사 총수의 과반수가 되도록 하여야 한다.

② 상장회사의 사외이사는 제382조 제3항 각 호뿐만 아니라 다음 각 호의 어느 하나에 해당되지 아니하여야 하며, 이에 해당하게 된 경우에는 그 직을 상실한다. 〈개정 2011.4.14, 2018.9.18〉

1. 미성년자, 피성년후견인 또는 피한정후견인
2. 파산선고를 받고 복권되지 아니한 자
3. 금고 이상의 형을 선고받고 그 집행이 끝나거나 집행이 면제된 후 2년이 지나지 아니한 자
4. 대통령령으로 별도로 정하는 법률을 위반하여 해임되거나 면직된 후 2년이 지나지 아니한 자
5. 상장회사의 주주로서 의결권 없는 주식을 제외한 발행주식총수를 기준으로 본인 및 그와 대통령령으로 정하는 특수한 관계에 있는 자(이하 "특수관계인"이라 한다)가 소유하는 주식의 수가 가장 많은 경우 그 본인(이하 "최대주주"라 한다) 및 그의 특수관계인
6. 누구의 명의로 하든지 자기의 계산으로 의결권 없는 주식을 제외한 발행주식총수의 100분의 10 이상의 주식을 소유하거나 이사·집행임원·감사의 선임과 해임 등 상장회사의 주요 경영사항에 대하여 사실상의 영향력을 행사하는 주주(이하 "주요주주"라 한다) 및 그의 배우자와 직계 존속·비속
7. 그 밖에 사외이사로서의 직무를 충실하게 수행하기 곤란하거나 상장회사의 경영에 영향을 미칠 수 있는 자로서 대통령령으로 정하는 자

③ 제1항의 상장회사는 사외이사의 사임·사망 등의 사유로 인하여 사외이사의 수가 제1항의 이사회의 구성요건에 미달하게 되면 그 사유가 발생한 후 처음으로 소집되는 주주총회에서 제1항의 요건에 합치되도록 사외이사를 선임하여야 한다.
④ 제1항 단서의 상장회사는 사외이사 후보를 추천하기 위하여 제393조의2의 위원회(이하 이 조에서 "사외이사 후보추천위원회"라 한다)를 설치하여야 한다. 이 경우 사외이사 후보추천위원회는 사외이사가 총위원의 과반수가 되도록 구성하여야 한다. 〈개정 2011.4.14〉
⑤ 제1항 단서에서 규정하는 상장회사가 주주총회에서 사외이사를 선임하려는 때에는 사외이사 후보추천위원회의 추천을 받은 자 중에서 선임하여야 한다. 이 경우 사외이사 후보추천위원회가 사외이사 후보를 추천할 때에는 제363조의2 제1항, 제542조의6 제1항·제2항의 권리를 행사할 수 있는 요건을 갖춘 주주가 주주총회일(정기주주총회의 경우 직전연도의 정기주주총회일에 해당하는 해당 연도의 해당일)의 6주 전에 추천한 사외이사 후보를 포함시켜야 한다. 〈개정 2011.4.14〉
[본조신설 2009.1.30]

참고 3 : 감사위원회 관련 「상법」 조항

제415조의2(감사위원회) ① 회사는 정관이 정한 바에 따라 감사에 갈음하여 제393조의2의 규정에 의한 위원회로서 감사위원회를 설치할 수 있다. 감사위원회를 설치한 경우에는 감사를 둘 수 없다.

② 감사위원회는 제393조의2 제3항에도 불구하고 3명 이상의 이사로 구성한다. 다만, 사외이사가 위원의 3분의 2 이상이어야 한다. 〈개정 2009.1.30〉

③ 감사위원회의 위원의 해임에 관한 이사회의 결의는 이사 총수의 3분의 2 이상의 결의로 하여야 한다.

④ 감사위원회는 그 결의로 위원회를 대표할 자를 선정하여야 한다. 이 경우 수인의 위원이 공동으로 위원회를 대표할 것을 정할 수 있다.

⑤ 감사위원회는 회사의 비용으로 전문가의 조력을 구할 수 있다.

⑥ 감사위원회에 대하여는 제393조의2 제4항 후단을 적용하지 아니 한다. 〈신설 2009.1.30〉

⑦ 제296조 · 제312조 · 제367조 · 제387조 · 제391조의2 제2항 · 제394조 제1항 · 제400조 · 제402조 내지 제407조 · 제412조 내지 제414조 · 제447조의3 · 제447조의4 · 제450조 · 제527조의4 · 제530조의5 제1항 제9호 · 제530조의6 제1항 제10호 및 제534조의 규정은 감사위원회에 관하여 이를 준용한다. 이 경우 제530조의5 제1항 제9호 및 제530조의6 제1항 제10호 중 "감사"는 "감사위원회 위원"으로 본다. 〈개정 2009.1.30〉

[본조신설 1999.12.31]

복습문제

(1) 경영자를 통제하는 데 이사회를 가장 중요한 내부통제장치로 보는 이유는 무엇인가?

(2) 이사회의 주요 기능은 무엇인가?

(3) 이사는 어떤 직무를 수행하는가?

(4) 이사는 어떤 법적 책임과 의무를 지니는가?

(5) 이사회 내 소위원회는 각각 어떤 역할을 수행하는가?

(6) 이사회의 의장을 최고경영자가 겸임할 경우에 발생하는 문제는 무엇인가?

(7) 좋은 이사회가 갖추어야 할 조건들에는 어떤 것들이 있는가?

(8) 좋은 이사회는 기업의 성과에 긍정적인 영향을 미치는가?

(9) 이사에게 요구되는 전문성에는 어떤 것들이 있는가?

(10) 현대사회에서 이사회가 지닌 잠재적인 문제점에는 어떤 것들이 있는가?

토론문제

(1) 우리나라의 이사회에 대한 사례를 제시하고, 지배구조적인 측면에서 논의해보자.

(2) 사외이사가 거수기로 전락했다는 비판들이 존재한다. 이와 같은 비판이 발생한 이유에 대해 논의해보자.

(3) 최고경영자가 이사회의 의장을 겸임한 경우와 분리된 경우에 각각의 장점과 단점이 무엇이 있을 수 있는지 논의해보자.

(4) 이사회의 이사들이 오랫동안 기업에 근무하며 주식을 전혀 또는 거의 소유하고 있지 않은 것에 대한 비판들이 존재한다. 이와 같은 비판이 발생한 이유에 대해 논의해보자.

(5) 경영진을 견제하기에 좋은 이사회가 반드시 좋은 성과를 내는 것은 아니라는 견해들도 존재한다. 이와 같은 견해가 발생한 이유에 대해 논의해보자.

(6) 우리나라 기업과 미국 기업을 비교하여 이사회의 구성이 서로 어떠한 유사점과 차이점이 발생하는지 논의해보자.

참고문헌

1 콜린 카터 외(2007), 『이사회 원점에서 시작하라』, 보스턴컨설팅그룹 역, 쓰리메카닷컴.

2 Jensen, Michael C. and William H. Meckling(1976), "Theory of the Firm: Managerial Behavior, Agency Costs and Ownership Structure," *Journal of Financial Economics*.

제 4 장

회계정보와 외부감사를 통한 대리인 문제 해결

본장에서는 다음과 같은 내용을 다룬다.

- 회계정보의 기능
- 외부감사의 필요성
- 감사주체에 따른 분류 : 외부감사, 내부감사, 감사위원회
- 외부감사인의 독립성 문제
- 현대사회에서의 회계정보의 역할

회계정보의 기능

본장에서는 대리인 문제 해결을 위한 회계정보의 기능과 외부감사인을 통한 모니터링을 검토한다. 자본시장에서는 주주와 경영자 간의 정보비대칭성을 줄이기 위해서, 매 기간마다 경영자가 주주에게 기업의 주요 재무상태 및 경영성과와 관련된 회계정보를 제공하도록 강제하고 있다. 주주는 경영자로부터 제공받은 회계정보를 통해서 경영자의 행동을 평가하고 모니터링하게 된다. 그러나 회계정보가 이와 같은 기능을 수행하기 위해서는 신뢰성 확보가 반드시 필요하다. 이에 독립된 제3자인 외부감사인을 통해서 외부감사를 실시함으로써 경영자가 작성한 회계정보에 대한 신뢰성 검증과정을 갖는다. 기업지배구조 측면에서 외부감사인은 주주를 대신하여 경영자가 수탁책임의 결과로 보고하는 회계정보에 대한 모니터링을 하는 외부전문가로서 경영진이 자신의 이익을 위해 회계부정을 저지르지

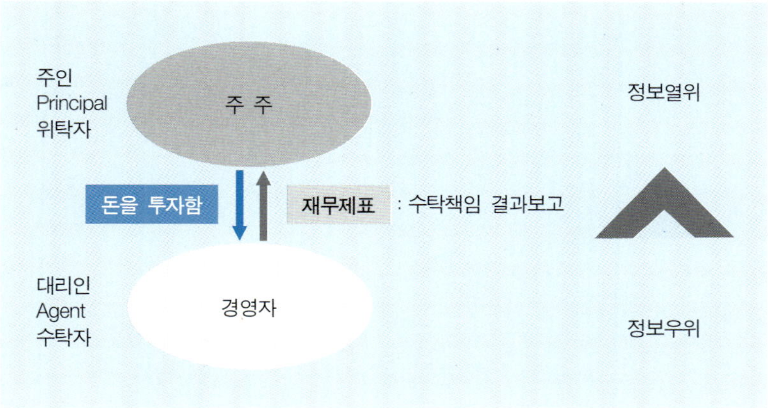

[그림 4.1] 회계정보의 기능

않도록 감시하는 역할을 수행한다고 볼 수 있다.

회계란 기업을 둘러싼 이해관계자에게 유용한 정보를 제공하는 것이다. 회계정보는 이해관계자에 따라 크게 재무회계정보와 관리회계정보로 구분된다.

재무회계정보의 기능

재무회계financial accounting는 외부 이해관계자들의 의사결정에 유용한 정보를 제공하는 것을 목적으로 한다. 여기서 외부 이해관계자란 주

[그림 4.2] 재무회계정보의 기능

주(투자자), 채권자, 고객, 거래처, 정부(국세청) 등을 의미한다. 재무회계정보는 외부 이해관계자들의 투자를 위한 의사결정, 수탁책임에 대한 평가, 모니터링을 위한 활동, 규제를 위한 활동 등에 널리 사용된다.

재무회계정보는 재무제표financial statements를 통해서 외부 이해관계자들에게 제공된다. 기업에 의해서 작성되는 재무제표는 신뢰성 확보가 가장 중요하다. 따라서 재무회계정보에는 재무적인 정보가 주로 포함되고 과거지향적인 성격을 지닌다. 또한 재무제표는 반드시 일반적으로 인정된 회계원칙GAAP : Generally Accepted Accounting Principles에 의해서 작성되어야 하며, 독립적인 외부감사인으로부터 감사를 받아야 한다.

관리회계정보의 기능

관리회계managerial accounting는 내부 이해관계자들의 의사결정에 유용한 정보를 제공하는 것을 목적으로 한다. 여기서 내부 이해관계자란 경영자, 관리자 등을 의미한다. 관리회계정보는 재무적이고 비재무적인 정보로서, 내부 이해관계자들의 계획, 통제, 의사결정과 관련된 정보이다. 경영자, 관리자가 사용하는 관리회계정보는 일반적으로 인정된 회계원칙에 영향을 받기보다는, 경영자, 관리자들이 어떠한 의사결정을 하는 데 필요한 정보인가에 따라 회계정보 작성자의 자율적 선택에 따라 여러 형태의 정보가 제공될 수 있다. 또한 관리회계정보는 의사결정의 목적적합한 정보로서 재무적인 정보뿐만 아니라, 비재무적인 정보도 함께 포함된다. 또한 관리회계정보는 주관적인 정보도 함께 포함될 수 있다. 관리회계정보는 과거의 내용도 기록하지만, 주로 미래에 발생될 사건들을 더 강조한다. 경영자들의

〈표 4.1〉 재무회계정보와 관리회계정보의 차이[1]

	재무회계	관리회계
주요 정보이용자	• 외부 이해관계자(주주, 채권자, 거래처, 국세청 등)	• 내부 이해관계자(경영자, 관리자 등)
정보의 목적	• 외부보고 목적	• 내부관리 목적
작성원칙에 받는 영향	• 일반적으로 인정된 회계원칙(GAAP)을 반드시 따라야 한다.	• 자율적 선택이 가능하다.
주요 내용	• 재무제표 작성과 분석	• 계획, 통제, 의사결정 기법
정보의 유형	• 재무적인 정보	• 재무적인 정보, 비재무적인 정보
	• 객관적인 정보	• 객관적인 정보, 주관적인 정보
시간적 관점	• 과거지향적인 정보	• 미래지향적인 정보

계획수립이나 의사결정을 위한 관리회계정보는 미래에 대한 내용들에 더 집중하게 된다.

외부감사의 필요성

소유와 경영의 분리로 인해 발생하는 대리인 문제는 주주(소유주)와 경영자 간의 정보비대칭에서 기인한다. 기업을 경영하는 경영자는 기업 외부에 있는 주주에 비해서 기업과 관련된 많은 정보를 지닌다. 이를 경영자의 정보우위information superiority라 한다.

자본시장에서는 주주와 경영자 간의 정보비대칭성을 줄이기 위해서, 일정기간이 경과될 때마다 경영자가 주주에게 기업의 주요 재무상태 및 경영성과와 관련된 정보를 제공하도록 강제하고 있다. 즉

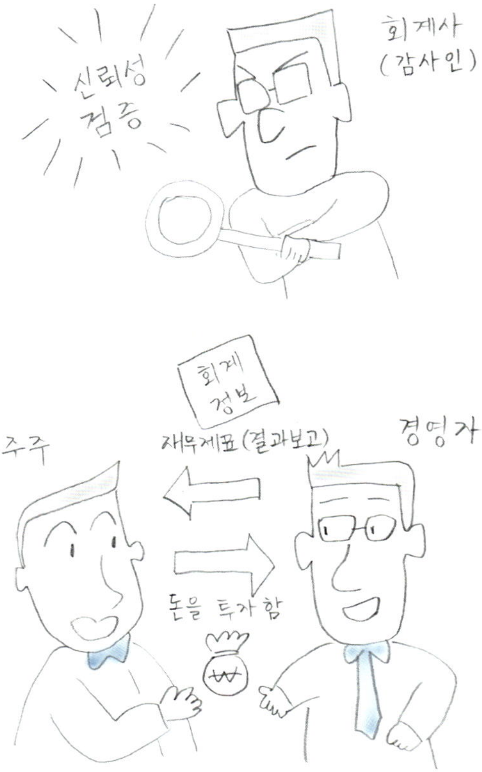

[그림 4.3] 외부감사의 필요성

경영자(수탁자)는 주주(위탁자)에게 수탁책임의 결과를 회계정보를 통해서 보고해야 한다. 또한 주주는 제공받은 회계정보를 통해서 경영자의 행동을 평가하고 모니터링하게 된다. 결국 회계정보는 주주와 경영자 간의 정보비대칭성을 줄이는 데 중요한 역할을 수행한다.

그러나 경영자가 제공하는 회계정보에는 다음과 같은 문제가 발생할 수 있다. 회계정보에서 발생가능한 문제점은 크게 오류와 부정으로 나뉜다.

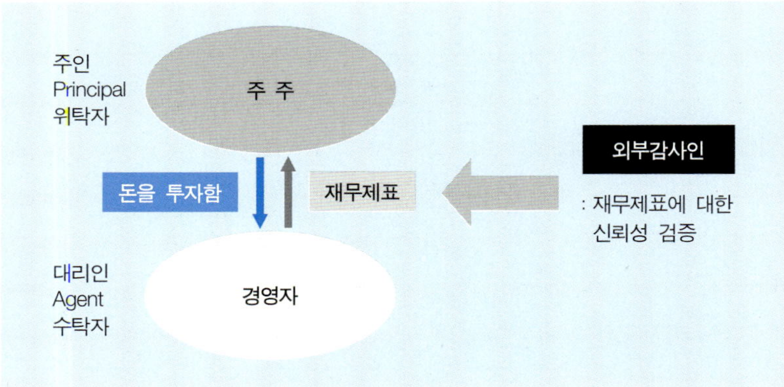

[그림 4.4] 외부감사의 필요성

첫째, 회계정보에 오류error가 포함되어 있을 가능성이 존재한다. 회계정보는 작성과정에서 계산착오나 실수가 발생할 수도 있다. 즉 회계정보의 오류란 재무제표의 금액이나 공시사항에 대한 비의도적인 왜곡표시를 의미한다. 재무제표 작성을 위한 자료 수집 및 처리과정에서의 오류나 측정, 인식, 분류, 표시, 공시와 관련된 회계원칙 적용에서의 오류가 발생가능하다.

또한 회계정보에는 작성자의 주관적인 판단이 영향을 미치는 경우가 존재한다. 회계정보 중에는 추정이 필요한 금액이 있으며, 추정과정에서 작성자의 편의나 동기가 개입될 수 있다. 예를 들면 매출채권의 대손충당금을 얼마로 설정해야 하느냐는 작성자의 주관적인 판단이 개입되어 결정되는 부분이다. 즉 재무제표에는 당기의 매출채권 중 얼마만큼의 금액은 못 받을 가능성이 있다는 대손충당금과 같은 추정금액도 포함된다. 작성자가 추정과정에서 특정사실을 간과하거나 해석의 착오를 범하여 추정오류를 범할 가능성도 있다.

둘째, 회계정보에 부정fraud이 포함되어 있을 가능성이 존재한다.

앞서 살펴본 바와 같이 경영진은 수탁책임의 결과를 회계정보를 통해서 보고하며, 이를 통해 평가받게 된다. 따라서 경영진이 자신의 이익을 위해서 회계정보를 의도적으로 조작하고 위조, 변조하는 부정을 저지를 가능성이 존재한다. 경영자가 외부 이해관계자들을 속이기 위해서 부정한 재무보고를 할 경우 실무에서는 이를 회계부정 또는 분식회계window dressed accounting라 부른다.

〈표 4.2〉 회계정보에서 발생가능한 문제점

	회계오류(accounting error)	회계부정(accounting fraud)
행위의 의도성	회계정보에 대한 비의도적인 왜곡이 발생한 경우	회계정보에 대한 의도적인 조작, 위조, 변조가 발생한 경우
발생 이유	회계정보의 수집, 처리과정에서 발생한 계산착오나 실수	경영진 등이 자신의 이익을 위해 저지른 기만행위

〈표 4.3〉 회계부정의 예

- 수익과 자산의 과대계상 : 회계기준에서 정한 인식시점에 비해 더 빠른 시점에 수익을 기록하거나, 실제 판매가 이루어지지 않은 상품이나 제품에 대한 가공매출을 기록하거나, 고객으로부터 반품받은 상품이나 제품에 대해서 매출에서 차감하지 않는 형태로 수익을 과대계상하는 경우가 있다. 또한 당기에 비용처리해야 할 연구비나 경상개발비를 자산화하거나, 수익적 지출을 자본적 지출로 처리하여 자산화하여 자산을 과대계상하는 경우가 있다.
- 비용과 부채의 과소계상 : 회계추정이나 기간배분을 달리하여 대손상각비나 감가상각비를 줄이는 방법을 통해 비용을 과소계상하는 경우가 있다. 또한 부채비율을 줄이기 위해 매입채무나 미지급금 같은 부채를 과소계상하는 경우가 있다.

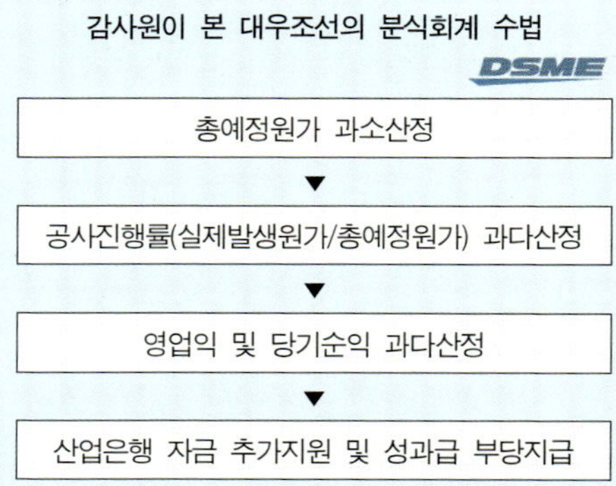

출처 : 머니투데이the300, "대우조선, 해양플랜트 암세포 키우고 분식으로 덮어… 産銀 몰랐을까," 2016.6.15

[그림 4.5] 회계부정의 예(대우조선)

회계정보에 오류가 포함되어 있거나, 부정이 발생된 경우에 이해관계자는 이러한 정보를 이용하여 잘못된 의사결정을 내려 큰 손실을 볼 수도 있다. 이를 정보위험information risk이라 한다.

따라서 이와 같은 정보위험을 감소시키고 올바른 정보를 통해서 경영진을 평가하고 모니터링하기 위해서는, 관련 정보에 대한 신뢰성 검증이 반드시 필요하다. 즉 독립된 제3자인 외부전문가로부터 경영자가 작성한 정보에 대한 신뢰성 검증이 수행될 때, 보다 완전하고 객관적이며 오류가 없는 정보가 주주에게 제공될 것이다. 이러한 회계정보의 신뢰성 검증절차를 감사audit라고 한다. 감사과정에서 감사인은 회계정보에 부정과 오류가 포함되어 재무제표가 왜곡표시될 가능성이 있는가에 대한 철저한 검증을 수행한다.

외부감사인이 수행하는 가장 대표적인 감사는 재무제표감사라 할 수 있다. 우리나라에서는 주식회사 등의 외부감사에 관한 법률(외감법)에 따라 자산 120억원 이상 등의 기준에 해당되는 주식회사는 반드시 외부감사를 받도록 규정하고 있다.

감사주체에 따른 분류 : 외부감사, 내부감사, 감사위원회

감사인은 크게 외부감사인과 내부감사인으로 나뉜다.

외부감사

외부감사external audit란 기업의 외부인으로 구성된 감사인으로부터 감사를 받는 것을 의미한다. 외부감사인은 기업과 이해관계가 없는 독립적인 제3자이므로 공정한 감사결과를 기대할 수 있다. 특히 외부감사인으로부터 받게 되는 재무제표감사는 재무제표의 신뢰성을 확보하기 위한 중요한 검증절차이다. 우리나라에서는 기업의 직전년도 자산총액 등을 기준으로 하여 외부감사를 의무적으로 받도록 규정하고 있다(외감법).

외부감사인은 외부감사과정에서 경영진이 제공한 재무제표가 회계기준에 따라 적정하게 작성되었는가를 판단하기 위한 증거를 수집한다. 외부감사인은 증거수집을 통해 재무상태표상의 자산이 실제 존재한다는 것과 자산의 평가방법이 회계기준과 일치하는가에 대한 검증을 수행한다. 또한 기업의 모든 부채가 재무제표에 기록되었다는 것과 재무제표의 주석과 주기가 적절하게 공시되었는가도 검증한다.

외부감사의 전반적인 과정을 요약하면 '감사계획수립단계 → 거래유형의 테스트단계 → 계정잔액의 실증절차수행단계 → 감사의견형성 및 보고단계'로 이루어진다.[2] 첫째, 감사계획수립단계에서 외부감사인은 감사업무조건을 기업과 합의하여 수임여부를 결정하고, 효율적인 감사의 수행을 위한 계획수립 및 감사자원의 배분을 한다. 둘째, 거래유형의 테스트단계에서는 외부감사인은 왜곡표시위험의 식별 및 평가와 관련한 증거를 주요 거래유형별로 기업의 내부통제를 중심으로 수집하고, 왜곡표시의 금액(또는 올바른 거래금액)을 거래유형별로 검증한다. 셋째, 계정잔액의 실증절차수행단계에서 외부감사인은 실증적인 분석적 절차와 세부테스트를 통해서 계정잔액 표시의 공정성에 대한 감사의견형성을 위해 최종적인 실증적 증거를 수집한다. 이 과정이 감사인의 업무 중 가장 큰 비중과 시간이 투입되는 시점이다. 넷째, 감사의견형성 및 보고단계에서 외부감사인은 입수한 증거를 기반으로 하여 재무제표 공정표시의 종합적인 결론을 도출하고 감사보고서를 작성한다.

〈표 4.4〉 외부감사의 절차

- 감사계획수립단계
- 거래유형의 테스트단계
- 계정잔액의 실증절차수행단계
- 감사의견형성 및 보고단계

내부감사

내부감사internal audit란 기업 내부인으로 구성된 감사인으로부터 감사를 받는 것을 의미한다. 내부감사인은 외부감사와 마찬가지로 업무수행을 위한 전문성이 요구되지만, 외부감사와 달리 독립성이 반드시 요구되지는 않는다. 내부감사는 주로 내부통제의 적정성과 효율성을 조사, 평가, 감시하는 기능을 수행한다. 내부감사를 기업이 의무적으로 실시해야 하는 것은 아니다. 그러나 많은 기업들이 내부감사인을 보유하고 있으며 내부감사를 통해 내부통제의 효과성을 확보하고 있다.

〈표 4.5〉 국제내부감사인협회 규정에 따른 내부감사인의 업무범위

- 재무활동 및 영업활동과 관련된 정보의 신뢰성(reliability)과 충실성(integrity)에 대한 검토를 수행하고, 관련 정보를 식별, 측정, 분류, 보고하는 데 사용된 방법의 적정성을 검토한다.
- 영업활동에 영향을 줄 수 있는 정책, 계획, 절차, 법률, 규제 등을 준수할 수 있는 내부통제가 설계되었는가를 점검하고, 이행여부(in compliance)를 검토한다.
- 자산을 보전하는 수단과 자산이 실제 존재하고 있는가를 검토한다.
- 자원 이용에 대한 경제성(economy) 및 효율성(efficiency)을 진단한다.
- 설정된 목표에 대한 올바른 계획이 수립되었는가를 점검하고, 업무와 계획이 계획된 대로 이행되고 있는가를 검토한다.

〈표 4.6〉 외부감사와 내부감사의 차이

	외부감사	내부감사
감사인 구성	• 기업 외부인	• 기업 내부인
주요 내용	• 재무제표의 신뢰성에 대한 검증	• 내부통제의 적정성과 효율성을 조사, 평가, 감시
전문성	• 전문성이 요구됨	• 전문성이 요구됨
독립성	• 독립성이 요구됨	• 독립성이 요구되지 않음
법률에 따른 의무	• 자산총액 120억원 이상 등의 조건을 충족하는 주식회사는 외부감사가 의무적으로 요구됨	• 의무적으로 요구되지 않음. 그러나 많은 기업들이 자율적으로 내부감사를 두고 있음

국제내부감사인협회The Institute of Internal Auditors는 내부통제의 적합성과 업무수행의 질을 평가하는 것을 내부감사로 규정하고, 조직의 효율성과 업적평가인 자문기능을 주요 내용으로 하여 업무감사의 성격을 강조하고 있다.[3]

감사위원회

감사위원회는 경영진의 업무수행과 관련된 감독과 회계감독권을 지닌 이사회 내 소위원회이다. 즉 감사위원회는 주주의 이익을 위해서 선임된 자로 경영진을 모니터링하고, 배당가능이익 산정의 정당성 및 재산의 보전상태 등을 감시하는 역할을 수행한다. 자산총액 2조원 이상의 상장법인 및 증권사들은 감사위원회를 반드시 설치하여야 하고, 감사위원회의 총원은 3명 이상의 이사로 구성하며, 3분의 2 이상은 사외이사이어야 한다.

감사위원회는 재무제표감사를 위한 외부감사인을 선임하고, 외부감사인이 그 업무를 적절히 수행하고 있는지에 대한 검토를 한다. 외부감사인은 감사 종료 후에 감사보고서를 감사위원회에 제출해야 하며, 이사의 직무수행의 부정행위, 법령과 정관에 위반되는 행위, 회계처리 위반 사실 등을 발견했을 때에는 이를 반드시 감사위원회에 알려야 한다. 마찬가지로 감사위원회 역시 이사의 직무수행의 부정행위, 법령과 정관에 위반행위 등을 발견할 경우 이를 외부감사인에게 알려야 할 책임을 지닌다.

사례 4.1 외부감사인의 감사보고서

독립된 감사인의 감사보고서

삼성전자 주식회사
주주 및 이사회 귀중

우리는 별첨된 삼성전자주식회사의 재무제표를 감사하였습니다. 동 재무제표는 2017년 12월 31일과 2016년 12월 31일 현재의 재무상태표, 동일로 종료되는 양 보고기간의 손익계산서, 포괄손익계산서, 자본변동표 및 현금흐름표 그리고 유의적인 회계정책의 요약과 그 밖의 설명정보로 구성되어 있습니다.

재무제표에 대한 경영진의 책임
경영진은 한국채택국제회계기준에 따라 이 재무제표를 작성하고 공정하게 표시할 책임이 있으며, 부정이나 오류로 인한 중요한 왜곡표시가 없는 재무제표를 작성하는 데 필요하다고 결정한 내부통제에 대해서도 책임이 있습니다.

감사인의 책임
우리의 책임은 우리가 수행한 감사를 근거로 해당 재무제표에 대하여 의견을 표명하는 데 있습니다. 우리는 대한민국의 회계감사기준에 따라 감사를 수행하였습니다. 이 기준은 우리가 윤리적 요구사항을 준수하며 재무제표에 중요한 왜곡표시가 없는지에 대한 합리적인 확신을 얻도록 감사를 계획하고 수행할 것을 요구하고 있습니다.

감사는 재무제표의 금액과 공시에 대한 감사증거를 입수하기 위한 절차의 수행을 포함합니다. 절차의 선택은 부정이나 오류로 인한 재무제표의 중요한 왜곡표시위험에 대한 평가 등 감사인의 판단에 따라 달라집니다. 감사인은 이러한 위험을 평가할 때, 상황에 적합한 감사절차를 설계하기 위하여 기업의 재무제표 작성 및 공정한 표시와 관련된 내부통제를 고려합니다. 그러나 이는 내부통제의 효과성에 대한 의견을 표명하기 위한 것이 아닙니다. 감사는 또한 재무제표의 전반적 표시에 대한 평가뿐 아니라, 재무제표를 작성하기 위하여 경영진이 적용한 회계정책의 적합성과 경영진이 도출한 회계추정치의 합리성에 대한 평가를 포함합니다.

우리가 입수한 감사증거가 감사의견을 위한 근거로서 충분하고 적합하다고 우리는 믿습니다.

감사의견
우리의 의견으로는 회사의 재무제표는 삼성전자주식회사의 2017년 12월 31일과 2016년 12월 31일 현재의 재무상태, 동일로 종료되는 양 보고기간의 재무성과 및 현금흐름을 한국채택국제회계기준에 따라 중요성의 관점에서 공정하게 표시하고 있습니다.

서울특별시 용산구 한강대로 92
삼일회계법인
대표이사 김영식

2018년 2월 27일

출처 : 삼일회계법인, "삼성전자의 감사보고서," 2018.2.27

외부감사인의 독립성 문제

외부감사는 경영진이 주장하는 재무제표의 신뢰성을 외부의 독립적인 제3자가 검토하는 것이다. 외부감사인이 재무제표에 대한 외부감사를 수행하는 데 요구되는 중요한 두 가지 특성은 전문성과 독립성이다.

외부감사인의 전문성

외부감사인에게 요구되는 전문성은 감사서비스를 제공하기에 합당한 수준의 전문적 지식과 기술을 보유하고 있어야 한다는 것이다(윤리기준 130.1). 외부감사업무를 수행하는 가장 일반적인 형태는 회계법인CPA firm으로, 회계법인은 공인회계사들로 구성된 전문가 집단이다. 많은 나라에서 공인회계사Certified Public Accountant : CPA제도를 갖추고, 공인회계사 자격을 갖춘 자들만이 외부감사를 수행하도록 규정하고 있다. 즉 나라에서 주관하는 전문자격시험을 통과하고 연수과정을 거친 자들에게만 공인회계사의 자격을 부여한다. 따라서 외부감사를 수행하는 공인회계사들은 나라의 전문자격시험을 통해 전문성이 확보된 자들이라 할 수 있다.

〈표 4.7〉 외부감사인의 법적 책임

대우조선 회계부정 관련 제재 조치
▶ 대우조선해양
–과징금(회사 45억 4,500만원, 고재호 전 대표이사 1,600만원, 정성립 대표 1,200만원) –담당임원에 대한 해임 권고 –감사인 지정조치 : 2017～2019년(3년간)
▶ 삼정회계법인
–손해배상기금 50% 추가 적립 –대우조선해양에 대한 감사업무제한(3년) –소속 회계사에 주권상장, 지정회사 감사업무제한 등
▶ 안진회계법인 : 다음달 제재 결정

출처 : 매일경제, "금융당국, '분식회계' 대우조선해양에 솜방망이 과징금 45억원," 2017.2.24

외부감사인의 독립성

외부감사인에게 요구되는 독립성은 감사절차를 수행하고 결과를 평가하며 감사보고서를 작성하는 모든 과정에서 정직하고 객관적인 자세 및 공정한 견해unbiased viewpoint를 유지하고 있어야 한다는 것이다.

외부감사인의 독립성은 크게 두 가지로 정신적 독립성과 외관상 독립성을 지녀야 한다. 정신적 독립성이란 감사인의 전문가적인 판

[그림 4.6] 외부감사인의 독립성

단을 손상시키는 요인에 영향을 받지 않고 감사의견을 표명할 수 있는 정신적 상태이다. 외관상 독립성은 감사인이 독립적인 제3자로서 정신적 독립성이 훼손될 만한 기업 또는 경영진과의 이해관계를 갖고 있지 않은 것을 의미한다.

〈표 4.8〉 외부감사인의 정신적 독립성과 외관상 독립성의 관련성

- 본질적으로 정신적 독립성은 외관상 독립성보다 상위에 위치하는 개념이다. 즉 외관상 독립성을 갖춘 경우에도 정신적 독립성을 갖추지 못한 경우가 발생된다.
- 외관상 독립성이 의심되는 경우에는 정신적 독립성 여부에 관계없이 감사보고서의 신뢰성이 큰 폭으로 하락된다.
- 외관상 독립성을 갖춘 경우라도 정신적 독립성을 반드시 함께 갖추고 있는 것은 아니다.
- 외관상 독립성은 감사보고서의 신뢰성을 확보하기 위한 최소한의 필요조건이다. 따라서 감사보고서의 신뢰성 확보를 위해서는 외관상 독립성은 반드시 확보하여야 한다.

외부감사인의 비감사서비스 제공 문제

미국은 1933년 증권법Securities Act of 1933과 1934년 증권거래법Securities Exchange Act of 1934을 제정하여, 외부감사인에 의한 외부감사를 강제하였다. 1930년대와 1940년대에 미국경제의 호황 및 법인의 수 증가와 맞물려 외부감사인의 감사서비스에 대한 기업의 수요가 큰 폭으로 증가하고 회계법인의 수도 함께 증가하였다. 1930년대와 1940년대를 거치며 회계법인은 독립적인 제3자로 외부감시자로서의 역할을 효과적으로 수행하게 된다.

그러나 1970년대와 1980년대를 거치며 회계감사산업의 변화가 발

생한다. 과거와 달리 경제성장이 둔화되고 기업의 수가 더 이상 증가되지 않음으로써 회계법인의 이익이 큰 폭으로 줄어들기 시작했다. 이에 회계법인들은 자신의 이익을 늘리기 위해 다른 회계법인으로부터 고객을 빼앗아 오기 위한 광고를 시작하였고 감사서비스의 수임료 인하 정책을 사용하였다.

또한 이 시기부터 회계법인들은 감사서비스 이외에 이익을 창출할 수 있는 비감사서비스를 기업에 제공하게 된다. 즉 기업들에게 회계처리방법에 대한 컨설팅, 세금절감을 할 수 있는 방법에 대한 컨설팅, 그리고 경영 및 사업 활동 전반에 대한 컨설팅서비스를 다양하게 제공하게 된다. 이와 같은 컨설팅서비스와 같은 비감사서비스의 제공은 회계법인의 새로운 수익원이 되었으나, 회계법인의 독립성을 저하시키는 상황을 만들게 된다. 즉 회계법인이 동일 기업에 대하여 감사서비스와 비감사서비스를 함께 제공할 때, 외부감사인이 과연 독립적인 위치에서 외부감사를 수행할 수 있을 것인가에 대한 의문이 제기된다.

회계법인이 기업에게 비감사서비스를 제공함으로써 막대한 수익을 창출하고 있는 상황에서, 재무제표에서 경영진이 주장하는 바를 공정하게 평가하고 검토할 수 있는가에 대한 문제가 존재한다. 만약 회계법인이 엄격한 감사를 통해 경영진이 주장하는 재무제표의 회계처리에 대해 의문을 제기한다면, 경영진은 더 이상 해당 회계법인에게 비감사서비스와 감사서비스를 의뢰하지 않을 것이다. 이는 회계법인에게 크나큰 경제손실을 가져올 수 있다. 이와 같은 이해상충이 존재하는 상황 속에서 회계법인에게 공정한 감사를 기대하기란 어려울 수 있다. 따라서 동일기업에 대한 감사서비스와 비감사서비스의 제공은 외부감사인의 독립성을 크게 훼손시킬 수 있다. 미국은 이에 2002년 사베인스·옥슬리법Sarbanes-Oxley Act : SOX을 제정하여, 외부감사인이 동일기업에 대해 감사서비스와 컨설팅서비스를 함께 제공하는 것을 금지시켰다. 이에 따라 외부감사인은 기업에게 감사서비스와 컨설팅서비스 중 하나만을 제공하게 되었다.

현대사회에서의 회계정보의 역할

현대사회로 오면서 회계의 역할이 점차 변화되고 있다. 전통적으로 회계는 기업의 외부 또는 내부 이해관계자들에게 유용한 정보를 전달하는 역할을 수행해왔다. 물론 이와 같은 회계의 정보전달기능은 현대사회에서도 여전히 매우 중요한 부분이다. 현대사회로 오면서 추가된 회계의 역할은 회계부서에게 이익센터로서의 역할을 기대하기 시작했다는 점이다.

회계부서에게 요구되는 이익센터로서의 역할

현대사회로 오면서 회계부서는 전통적인 정보전달 역할에 더하여 이익센터로서의 역할을 추가적으로 수행할 것을 요구받게 된다. 이익센터profit center란 이익 창출을 위해서 노력해야 하는 책임이 있는 조직 단위를 의미한다. 이러한 관점은 회계를 예술임과 동시에 과학으로 보는 견해에서 비롯한다Accounting can be classified as both an art and a science. 현대사회에서는 회계부서가 이익을 보고하는 과정에서 회계추정이나 회계처리방법의 선택을 통해서 기업의 이익증가에 일정부분 기여하여야 한다는 믿음이 존재한다. 즉 앞서 제2장에서 논의한 바와 같이 경영진과 기업의 구성원들은 내부적으로 정한 목표치에 의해서 자신의 보상이 결정되는 경우가 많다. 또한 연초에 재무분석가들에 의해서 자본시장에 발표되는 기업의 이익 예측치(외부목표치)를 달성하지 않을 경우 기업의 주가하락이 발생할 위험도 존재한다.

기업의 구성원들은 매년 외부 및 내부의 목표치를 달성하기 위한 노력을 기울인다. 이 과정에서 회계부서의 구성원들도 외부 및 내부의 목표치 달성을 위한 노력을 함께 기울여야 한다는 것이다. 기업활동 중 존재하는 주관적인 부분과 회계기준이 허용하고 있는 작성자의 주관적인 판단을 이용한다면 얼마든지 다양한 회계처리방법의 선택이 가능하다. 회계부서가 어떠한 회계처리방법을 선택하느냐에 따라 보고이익은 달라질 수 있다.

이익유연화

이익유연화(이익평준화)income smoothing란 기업이 보고이익의 변동성을 감소시키려는 노력 또는 그 현상을 의미한다. 즉 기업이 외부에 회계이익을 보고하는 과정에서 이익이 점진적으로 증가하도록 수익이나 비용을 조기 인식하거나 연기하는 방법을 통해 이익을 유연화시키는 것을 의미한다.

기업이 이익유연화를 시도하는 이유는 다음과 같다.

첫째, 이익유연화를 통해 기업위험(불확실성)에 대한 외부평가를 감소시키고자 한다.

기업이 이익유연화를 시도하는 가장 근본적인 이유는 이익유연화를 통해 주주와 같은 외부 이해관계자들에게 기업의 불확실성(위험)을 감소시켜 기업가치에 대한 긍정적인 평가를 받기 위해서이다. 즉 외부 이해관계자는 변동성이 큰 보고이익을 보고하는 기업에 비해

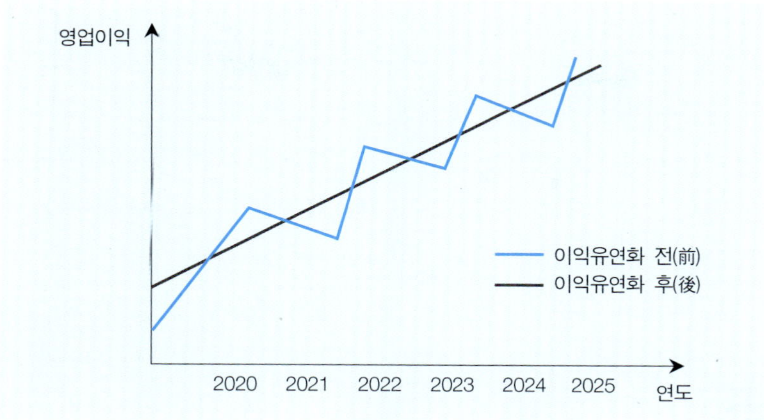

[그림 4.7] 이익유연화

점진적인 보고이익의 증가를 보고하는 기업의 위험이 상대적으로 더 낮다고 평가한다. 외부 이해관계자들의 기업위험에 대한 평가가 감소할 경우 이는 기업가치에 긍정적인 평가로 연결된다. 즉 안정적인 보고이익의 흐름은 미래기대이익에 대한 불확실성을 감소시켜줌으로써 외부 이해관계자들이 기업의 현재가치를 계산할 때 사용하는 할인율을 감소시키고 결국 기업가치 산정에 긍정적인 영향을 미친다.

둘째, 이익유연화를 통해 법인세를 감소시키고자 한다.

기업이 이익유연화를 시도하는 다른 이유는 이익유연화를 통해 법인세 절감을 하기 위해서이다. 기업은 장기적으로 법인세를 최소화하기를 원하기 때문에, 매년 보고되는 회계이익이 큰 변동성 없이 유지되기를 바란다. 만약 기업의 과세표준율이 급격하게 변동되면 조세당국은 해당기업에 대한 조사를 강화하게 된다. 따라서 기업은 과세표준율이 급격하게 변동하지 않도록 이익유연화를 시도한다.

즉 과세표준율이 전기에 비해 급격하게 상승될 것이 예상되면 보고이익을 감소시킬 수 있는 회계처리방법을 사용하거나, 과세표준율이 전기에 비해 급격하게 하락될 것이 예상되면 보고이익을 증가시킬 수 있는 회계처리방법을 사용한다. 이와 같이 기업은 이익유연화를 통해 조세당국의 주의를 감소시키기 위한 노력을 기울인다.

셋째, 이익유연화를 통해 경영자의 이익을 높이고자 한다.

보고이익이 주주의 기대보다 낮을 경우 주주는 경영자에게 그에 따른 책임을 물을 수 있다. 이에 경영자는 자신의 평가와 지위를 유지하기 위해서 이익유연화를 시도한다. 즉 보고이익이 주주의 기대에 비해 크게 낮을 것으로 예상될 경우에는 보고이익을 증가시키는 회계처리방법을 선택하고, 보고이익이 높을 것으로 예상될 경우에는 추후에 발생할 예측불가능한 손실을 회피하기 위해 보고이익을 이연시키는 회계처리방법을 선택한다.

이익조정과 이익조작의 경계의 모호성

회계부서는 기업의 내부와 외부의 목표를 달성하기 위해서 이익유연화와 같은 이익조정을 실시할 유인을 갖게 된다. 이익조정earnings management이란 "어떠한 사적인 이득을 얻기 위해서 외부에 재무보고를 하는 과정에 의도를 가지고 개입하는 것"으로 정의된다.[4] 예를 들어 경영자는 일시적으로 수익을 높이기 위해 가격할인을 단행하거나 연구개발비나 광고선전비를 조정해 이익을 늘릴 수도 있다. 또한 상품이나 제품의 매출시기를 조정하거나 유가증권을 처분하는 등의 방법으로 이익조정을 할 수 있다. 또한 회계수치에는 경영자의 재량에 따라 결정되는 금액들도 존재한다. 건물의 감가상각비를 정액법으로 처리할 것인지 또는 정률법으로 처리할 것인지에 따라 매

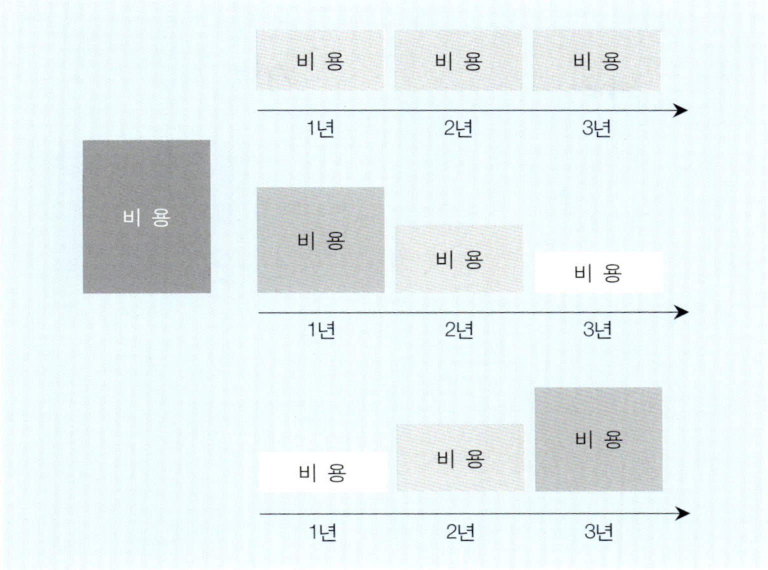

[그림 4.8] 이익조정활동

년 비용은 다르게 계산된다. 정액법은 해마다 동일한 금액으로 비용이 계산되고 정률법은 초기에 많은 비용이 계산되지만 시간이 지날수록 점차 적은 비용이 계산된다. 매출채권 및 미수금 등에 대한 대손상각비도 추정이 포함되는 비용이다.

이익조정과 이익조작의 개념을 구분하는 경우, 다음과 같이 구분하게 된다.[5] 이익조정은 일반적으로 인정된 회계원칙GAAP이 허용하고 있는 범위 내에서 재무활동이나 생산활동 등에 관한 의사결정을 조정하거나 회계추정이나 회계처리방법의 선택을 통하여 보고이익을 조정하는 것을 의미하고, 이익조작earnings manipulation은 일반적으로 인정된 회계원칙GAAP을 벗어나는 위반행위를 통해 보고이익을 조정하는 것을 의미한다.

앞서 살펴본 바와 같이 기업은 다양한 이유로 이익조정을 할 유인을 갖게 된다. 그러나 여기서 문제점은 어디까지가 이익조정이고 어디서부터가 이익조작에 해당되느냐 하는 것이다. 명백한 법률위반에 해당되는 이익조작과 달리, 이익조정은 현대사회에서 회계부서의 실무진에게 수용되고 활용되고 있다. 현재 우리나라가 채택하고 있는 국제회계기준IFRS은 과거 회계원칙GAAP에 비해 기업의 실질을 보다 중요시 여기며 경영진의 재량권 허용 정도가 더 높은 편이다. 이에 따라 경영진의 재량에 따른 이익조정은 더 활발해질 수 있다. 그러나 경영자가 이익조정과 이익조작을 하게 되는 동기가 서로 다르다고 보기가 어렵고, 또한 이익조정과 이익조작이 가져올 경제적 결과도 쉽게 구분하기가 어렵다는 데 문제가 있다.

〈표 4.9〉 이익조정과 이익조작의 차이

	이익조정(earnings management)	이익조작(earnings manipulation)
개 념	일반적으로 인정된 회계원칙(GAAP)이 허용하고 있는 범위 내에서 재무활동이나 생산활동 등에 관한 의사결정을 조정하거나 회계추정이나 회계처리방법의 선택을 통하여 보고이익을 조정하는 것	일반적으로 인정된 회계원칙(GAAP)이 허용하고 있는 범위를 벗어나는 위반행위를 통해 보고이익을 조정하는 것

사례 4.2 엔론의 분식회계와 사베인스 · 옥슬리법 제정

"경영자들은 실적보고서에 거짓이 드러나면 성과급을 반납한다" "기업들은 자사 경영자들에게 특혜대출을 할 수 없다" "회계법인의 파트너가 감사대상기업의 경영자로 직접 옮겨갈 수 없다"

회계부정과 부도덕성으로 뿌리째 흔들리고 있는 미국식 자본주의의 해결사로 등장한 '사베인스·옥슬리법(Sarbanes-Oxley Act·SOX)'의 주요 조항이다. 2002년 제정된 이 법안의 탄생은 미국 7위의 거대기업이던 엔론의 파산이 시초가 됐다.

영국의 이코노미스트 2002년 11월호에는 엔론 파산 이후 미국 자본주의의 현주소를 다음과 같이 진단했다.

▶ "부정"… "부정" 그리고 "부도덕"

엔론파산은 재무제표상에서 부채를 떼어내 '특별항목'에 기입하는 것에서 시작됐다. 엔론은 이런 식으로 1997년에서 2000년 사이 12억 달러를 빼돌렸고 경쟁사인 다이너지와의 합병과정에서 결국 파산의 길을 걸었다.

엔론뿐 아니라 미국 2위의 통신업체 월드컴과 텔레콤 회사인 글로벌크로싱도 나란히 거액의 회계부정이 드러나면서 침몰했다. 미국 기업들의 회계부정이 일부 기업이 아닌 시스템 문제로 만연돼 있음을 보여줬다. 제록스는 1997년에서 2001년 사이에 수익을 14억 달러나 부풀린 것으로 나타나 1,000만 달러의 벌금을 냈다. 금융사기로 인한 벌금 중 최대규모다.

잘못된 회계관행은 2002년에 들어 더욱 늘어났다. 아니 많이 드러났다는 표현이 더 맞을 듯하다. 2002년 250개 미국 기업이 회계내용을 재조정했으며 이는 과거 1997년의 92곳, 1981년의 3곳에 비하면 급증한 수치다. 기업부정을 용인하면서 엄청난 부를 챙긴 최고경영자(CEO)나 회계사들은 이제 정치인이나 언론인보다도 더 불신을 받고 있다.

▶ 누가 얼마나 잘못했나

먼저 회계법인들이다. 최악의 회계법인으로는 단연 아서 앤더슨이 꼽힌다. 이 회사는 엔론, 월드컴, 글로벌크로싱 등 회계부정 '3인방'의 회계를 나란히 맡았다. 아서 앤더슨은 2000년에 엔론으로부터 회계비용 2,500만 달러와 컨설팅 비용 2,700만 달러를 동시에 챙겼다. 이는 기업과 회계법인 간의 밀착을 불러왔고 부실회계가 속속 드러나면서 아서 앤더슨도 문을 닫았다. 이 밖에 제록스의 회계를 맡았던 KMPG, 증권거래위원회(SEC)와 미연방예금보험공사(FDIC)로부터 동시에 소송을 당한 Ernst & Young도 악명 높은 회계법인으로 유명하다.

두 번째 비난의 화살은 경영자들을 향한다. CEO들은 회사가 속으로 곪아가고 있는 와중에도 자기 배를 불리기 바빴다. 글로벌 크로싱의 게리 위닉은 파산 2년 전에 보유중이던 회사주식을 팔아 5,000만 달러를 챙겼다. 엔론의 케네스 레이는 2,200만 달러를 벌어들였다. 월드컴의 최고재무관리(CFO)였던 스캇 설리반은 3,500만 달러를 받았고 비집행이사에 불과했던 엔론의 케니 해리슨도 7,500만 달러를 받았다.

믿었던 잭 웰치 GE 전 회장마저 이혼소송과정에서 치부가 드러났다. 그는 재직한 20년 동안 받은 총 5,000만 달러 외에 퇴직 후 매년 7,500만 달러의 연금을 받았고 회사 비행기와 맨해튼의 아파트를 무상으로 사용하고 있었다.

▶ 구원투수 '사베인스 · 옥슬리법(Sarbanes-Oxley Act : SOX)'

회계스캔들이 잇따라 터져 나오자 2002년 7월 새로운 회계법안인 사비인스 · 옥슬리법이 제정됐다. 이 법안은 회계과정을 투명하게 하는 데 목표를 두고 있다. 회계법인들을 감시하는 기업회계조사위원회가 새롭게 설치됐고, 각 기업 감사위원회의 이사들은 독립성을 유지해야 한다.

SEC도 상장기업들에 대해 2년 안에 이사회의 과반수 이상이 사외이사로 채워지도록 하는 등 기업지배구조를 건전화하는 규정을 만들었다. 그러나 사베인스 · 옥슬리법은 시작부터 흔들리고 있다. 이 법안은 원안에 비해 상당히 후퇴한 것이다. 당초 안에는

5년마다 담당 외부감사법인을 바꾸도록 했지만 회계를 지휘하는 리더만 5년마다 교체하면 되도록 변경됐다. 회계사들의 정치력이 여전하다는 것을 알 수 있는 대목이다. 지난 6월 터진 월드컴 회계부정의 여파로 여론의 불신도 여전하다. 이달에는 하비 피트 SEC위원장과 윌리엄 웹스터 기업회계감독위원회 위원장이 인사 문제로 나란히 사임, 회계개혁을 지휘해야 할 지도부부터 흔들리고 있는 상태다.

이 법안은 또 유럽인들로는 급조된 인상이 짙다는 비판을 받고 있다. 외국은행의 경우 자사 이사들에게 대출을 못하게 해놓고 미국 은행들에 대해서는 이를 면제해주는 이중성이 그 예다. 하나하나의 사안에 CEO와 CFO가 일일이 보증하게 함으로써 변호사들의 배만 불린다는 지적도 받는다.

▶ 유럽은 다를까

유럽은 엔론 사태에 대해 '우리는 다르다'는 시각을 갖고 있다. 유럽은 회계목적과 CEO의 역할이 달라서 유럽에서는 좀처럼 이런 일이 일어날 수가 없다는 주장이다.

영국은 회계가 과학이 아닌 기술이라는 점을 명확히 하고 있다. 유럽은 '공정하고 진실된' 회계보고서를 만들어야 한다는 원칙을 중시하는 데 비해 미국은 사안별로 일일이 정교한 회계기준을 만들려고 애쓴다. 유럽식 회계제도를 옹호하는 이들은 미국의 회계제도가 불필요한 규제만 양산하고 기업의 실상을 제대로 알리는 데는 미흡하다고 비판하고 있다. 미국에서는 회장과 CEO를 겸직하는 경우가 많고 최고경영자의 창의성을 최대한 존중하고 있다. 반면 유럽은 전횡을 우려해 절대적인 권한을 부여하지 않는다. 이에 따라 대개의 경우 회장과 CEO는 동일인물이 아니다.

하지만 사실 유럽도 회계와 관련해선 예외가 아니다. 벨기에의 음성인식 소프트웨어 제조업체인 러놋 & 호스피는 500만 달러의 허위 매출을 올린 것으로 날조했고 영국의 한 대형 여행사도 실적을 부풀린 것으로 드러났다. 미디어 그룹 비벤디는 창의성 있는 회계를 하기로 유명하다.

▶ 집요한 질문으로 무장해라

정확하고 투명한 회계를 하는 일은 갈수록 어려워지고 있다. 기업의 경계가 모호해지고 있기 때문이다. 기업은 이제 법적으로나 물리적으로 닫혀 있는 조직이 아니다. 아웃소싱, 조인트벤처, 전략적 제휴 등을 통해 '느슨한 관계'들이 지속적으로 확대되고 있다. 대기업의 경우 최소 30개의 제휴업체가 있는 실정이다.

비교적 투명한 기업으로 인정받는 델컴퓨터조차도 모든 위험을 회계보고서에 기재하지는 못한다. 델컴퓨터에 들어가는 반도체가 만들어지는 대만이 지진다발 지역이라는 점은 회계장부에 어디에도 찾아볼 수 없다.

사베인스·옥슬리법이 냉정을 되찾은 투자자들을 다시 시장에 돌아오게 만들 수도 있을 것이다. 그러나 엔론으로부터의 진정한 교훈은 회계보고서가 '과학'이 아니며 경영자들은 대개의 경우 탐욕스럽다는 점을 기억하는 일이다. 완벽한 회계는 현실적으로 불가능하기 때문이다. 투자자들이 항상 의심과 집요한 질문으로 무장해야 하는 이유이기도 하다.

출처 : 머니투데이, "엔론 파산 1년이 주는 교훈," 2002.11.30

사례 4.3 분식회계로 인한 피해 및 문제점

한국경제가 연 10% 이상 계속 성장하던 1980~1990년대에는 당연도의 웬만한 분식회계 손실금액도 다음연도의 매출과 이익의 급성장이 소화해 주었다. 예를 들어 올해의 10억원 손실을 재고자산이나 외상매출금 등의 부실자산금액에 적당히 얹어 놓았다가, 내년에 30억원의 실질이익이 나면 그때 가서 분식재고 10억원을 원가로 떨고 회계상으로는 20억원만 이익으로 반영하면 그럴듯해 보인다.

이것은 그 시기에 기업재무경영전략의 하나이기도 하였다. 매출과 이익이 매년 들쭉날쭉하는 것보다는 꾸준히 증가하는 게 모양새도 좋아서 기간별 손익조정에 대해 비교적 관대한 기업내부 분위기가 있다.

그러나 2000년대 들어 한국경제성장이 한자릿수이고, 최근엔 세계평균치 3%에도 못 미치면서 한 번 손실은 영원한 손실이 되었고 과거손실을 미래이익이 흡수해주지 못하게 되었다. 업종별 불황이 극심하여 발생되는 거액의 손실을 재고나 채권자산으로 아무리 감추려 해도 언젠가는 한꺼번에 터진다.

분식회계사기의 피해승수효과는 천문학적이고 기하급수적이다. 미국 엔론사의 분식회계금액이 15억 달러인데 투자자 피해는 600억 달러로 40배나 되었다고 한다. 이는 최소투자수익률 2.5%를 적용한 추정치일 듯한데 실제 엔론사의 증권시장 시가총액이 600억 달러로 계산되었을 것이다. 이게 한순간 증발한 것이다.

대우조선해양도 수년간 손실을 이익으로 둔갑시켜 총 5조원(연평균 2조원)의 분식회계를 했으니 여기에 한국인의 기대투자수익률 약 5%로 환산하면 약 40조원이 날아간 것이다. 적게 잡아 세법상의 이익환원율 10%만 적용해도 약 20조원이 증발된 것이다.

실제 대우조선해양의 시가총액은 분식 전 18조원에서 2016년에는 1조원으로 폭락했다. 산업은행 등의 공적자금투입액도 벌써 10조원을 상회하여 국민연금은 수급자 70만명의 1년치 연금액이 소멸됐다고 한다.

이 밖에도 구조조정과 근로자 해고, 하청납품업체의 도산, 외국선주사의 선박발주 철회, 해외신용도 하락 등 직간접 피해액까지 더하면 분식회계금액의 최소 10배 내지 20배 공익피해금액은 어떤 경우에도 계략적으로 추정될 수 있다.

이 외에도 대우조선해양을 살리느라, 한진해운은 법정관리로 보내 청산에 이르게 하여, 수출로 먹고사는 우리나라의 구제해운 항로를 송두리째 빼앗긴 기회손실도 엄청나게 크다.

1998년 IMF를 촉발한 대우그룹 전체의 분식회계규모가 41조 원이고 그 이후 30대 재벌 중 한보 · 기아 · 동아건설 · 진로 등 16 재벌이 분식회계로 기업주가 바뀌며 좌초했다. 이어지는 SK글로벌 · STX중공업 · 동양그룹 · 모뉴엘 · 대우건설 · 대우조선해양 등도 모두 천문학적 분식회계가 한꺼번에 터진 것이다.

분식회계사기는 대부분 한꺼번에 빵 터진 후에야 발견되었고 사전경고나 내부고발 등으로 예방된 경우는 사건화되지 않아서 그런지 거의 없다. 왜냐하면 분식회계사기의 속성상 일부분에서 몰래 일시에 저질러야, 분식회계주도자는 성공해서 일확천금을 거머쥘 수 있다. 회사의 물적 자산과 인적 자원을 통해 찔끔찔끔 분식하면 내부고발자로 인해 성공할 수 없고 사전에 발각되기 때문이다.

분식회계주도자는 매출과 이익을 부풀리고, 부실자산을 실질자산이라고 속이며, 부채규모를 축소하거나 부외부채로 숨긴다. 여기에 거액의 은행차입금을 빌리거나 외부주주의 할증증자로 불입시킨 후, 들어온 회사공금을 모두 횡령하여 해외로 도주한다.

회사내부에서 분식회계사기를 도와준 일부 실무자에게 몇 푼을 나누어주고 입을 막는다. 이러면 외국으로 도주하여 정착할 때까지 분식회계는 쉽게 발견되지 않는다. 1년 후 은행차입금의 만기가 도래하여 은행이 일부상환을 받거나 대출연장서류를 제출서명 받는 순간 회사가 빈껍데기인 것을 알게 된다.

이때 주가가 폭락하여 수많은 투자자들의 주식이 휴지조각이 되고, 손실 입은 가정은 파탄을 겪는다. 외부감사인도 공금횡령

후 6개월 정도 지나야 중간감사나 연말감사를 착수하므로, 모든 게 끝난 후이다.

외부금융 차입금이나 외부주주 투자자금을 많이 조달하여 운영하는 회사일수록 외부감사는 매월 단위의 상시감사(concurrent audit)를 수행하여야 한다. 그런데 대우조선해양의 분식회계금액이 5조원이고 이로 인한 공익피해가 최소 20조원 이상인데, 이러한 분식회계를 예방할 모든 회계법인의 감사보수는 다 합해야 연 7천억원(=상장사 2,000개×평균 1억원+비상장사 23,000개×평균 2,200만원)에 불과하다.

휴업회계사 40%를 뺀 나머지 1만 2,000명으로 평균을 나누면, 회계사 1인당 연 매출액이 5,800만원(=7천억원÷12,000명)이고, 실비 30%를 뺀 70% 소득을 다 잡아도 연 순소득이 4,000만원이다. 이게 성공한 대형회계법인의 수습회계사 처음 연봉이다. 이 돈으로는 매월 상시감사는 꿈도 못 꾸고, 중간감사와 연말감사에 최소인원과 최소시간을 투입하기에 고작이다.

외부감사는 1만 2,000명 회계사의 연 4,000만원 연봉으로 수백만 투자자의 시가총액 1천조원 이상과 가계부채 1,300조원 및 국가의 세금재정 약 400조원을 감시보호해주는 절대적 공공재이다. 그러나 현행 외감법은 자유선입제이고 감사보수가격에도 아무런 법적 규정이 없는 무가격시스템이어서 무제한 덤핑경쟁이 난무하고 있다.

피감기업의 오너회장도 감사객체이지만 주인자격으로 감사주체인 회계법인을 입맛대로 골라 정신적 독립성이 침해된다. 혈·지·학연으로 감사인을 이미 내정한 상태인데도, 실무자를 통해 외부에서 더 낮은 견적서를 몇 장 더 제시받아 기존 감사가격마저도 마음대로 주물러서 물질적 독립성도 상실된다. 이래서 감사공영제나 지정감사제가 대안으로 논의되고 있고, 감사보수의 법정

화도 절실한 것이다.

출처 : 조세일보, “분식회계 사기의 천문학적 공익피해,” 2017.1.11

요 약

자본시장에서는 주주와 경영자 간의 정보비대칭성을 줄이기 위해서, 일정기간이 경과될 때마다 경영자가 주주에게 기업의 주요 재무상태 및 경영성과와 관련된 정보를 제공하도록 강제하고 있다. 즉 경영자(수탁자)는 주주(위탁자)에게 수탁책임의 결과를 회계정보를 통해서 보고해야 한다. 또한 주주는 제공받은 회계정보를 통해서 경영자의 행동을 평가하고 모니터링하게 된다. 결국 회계정보는 주주와 경영자 간의 정보비대칭성을 줄이는 데 중요한 역할을 수행한다.

그러나 회계정보에는 오류나 부정이 발생될 가능성이 존재하며, 이해관계자가 오류나 부정이 포함된 정보를 이용하여 잘못된 의사결정을 내리게 될 경우 큰 손실을 볼 수도 있다. 이와 같은 정보위험을 감소시키고 올바른 정보를 통해서 경영진을 평가하고 모니터링하기 위해서는 관련 정보에 대한 신뢰성 검증이 반드시 필요하다. 이에 따라 재무제표가 공시되기 이전에 독립된 제3자인 외부감사인으로부터 외부감사를 받는 과정을 통해서 경영자가 작성한 정보에 대한 신뢰성 검증이 이루어지고 있다.

외부감사인이 재무제표에 대한 외부감사를 수행하는 데 필요한 중요한 두 가지 특성은 전문성과 독립성이다. 미국의 경우 1970년대와 1980년대를 거치며 회계감사산업의 변화가 발생한다. 과거와 달리 회계법인의 이익이 큰 폭으로 줄어들기 시작하면서, 회계법인들은 감사서비스 이외에 이익을 창출할 수 있는 비감사서비스를 기업에게 제공하게 된다. 즉 기업들에게 회계처리방법에 대한 컨설팅, 세금절감을 할 수 있는 방법에 대한 컨설팅, 그리고 경영 및 사업활동 전반에 대한 컨설팅서비스를 다양하게 제공하게 된다. 이와 같은 컨설팅서비스와 같은 비감사서비스의 제공은 회계법인의 새로운 수익원이 되었으나, 회계법인의 독립성을 저하시키는 상황을 만들게 된다. 이에 미국은 2002년 사베인스 · 옥슬리법Sarbanes-Oxley Act · SOX을 제정하여, 외부감사인이 동일기업에 대해 감사서비스와 컨설팅서비스를 함께 제공하는 것을 금지시켰다.

현대사회로 오면서 회계의 역할이 점차 변화되고 있다. 전통적으로 회계는 기업의 외부 또는 내부 이해관계자들에게 유용한 정보를 전달하는 역할을 수행해왔다. 물론 이와 같은 회계의 정보전달기능은 현대사회에서도 여전히 매우 중요한 부분이다. 현대사회로 오면서 추가된 회계의 역할은 회계부서에게 이익센터로서의 역할을 기대하기 시작했다는 점이다. 이에 회계부서는 기업의 내부와 외부의 목표를 달성하기 위해서 이익유연화와 같은 이익조정을 사용하기 시작했다. 그러나 이익조정과 이익조작을 하게 되는 동기가 서로 다르다고 보기 어렵고 또한 이익조정과 이익조작이 가져올 경제적 결과도 쉽게 구분하기 어렵다. 이에 따른 문제점이 계속 지적되고 있다.

복습문제

(1) 재무회계정보의 기능은 무엇인가? 또한 어떠한 특성을 지니는가?

(2) 관리회계정보의 기능은 무엇인가? 또한 어떠한 특성을 지니는가?

(3) 소유와 경영의 분리로 인한 정보비대칭성과 관련하여 회계정보는 어떠한 역할을 수행할 수 있는가?

(4) 회계정보에 포함될 수 있는 오류에는 어떠한 것들이 있는가?

(5) 회계정보에 포함될 수 있는 부정에는 어떠한 것들이 있는가?

(6) 정보위험이란 무엇인가?

(7) 외부감사가 필요한 이유는 무엇인가?

(8) 외부감사의 절차는 어떻게 진행되는가?

(9) 내부감사의 기능은 무엇인가?

(10) 외부감사인이 재무제표에 대한 외부감사를 수행하는 데 요구되는 중요한 두 가지 특성은 무엇인가?

(11) 외부감사인의 정신적 독립성과 외관상 독립성은 상호간 어떠한 관련성을 지니는가?

(12) 외부감사인이 동일기업에 대한 감사서비스와 비감사서비스를 함께 제공하는 것은 어떠한 문제를 발생시키는가? 이는 감사품질에 어떠한 영향을 끼칠 것으로 예상되는가?

(13) 전통적인 회계의 역할과 현대사회가 요구하는 회계의 역할은 각각 무엇인가?

(14) 이익유연화의 동기에는 어떠한 것들이 있는가?

(15) 이익조정과 이익조작은 어떻게 구분되는가?

토론문제

(1) 기업들이 어떠한 방법을 통해 이익조정을 하고 있는지에 대한 사례를 제시하고, 문제점에 대해 논의해보자.

(2) 우리나라의 회계부정사건 사례를 제시하고, 사용된 회계처리방법에 대해 논의해보자.

(3) 주주의 입장에서 이익유연화는 과연 좋은 것인가? 나쁜 것인가? 주주의 입장에서 이익유연화의 장점과 단점에 대해 논의해보자.

(4) 우리나라에서 회계부정이 어느 정도 발생되고 있는가를 찾아보고, 우리나라의 재무제표 신뢰성에 대해 논의해보자.

(5) 우리나라에서 있었던 외부감사인과 관련된 이슈를 찾아 사례로 제시하고, 문제점에 대해 논의해보자.

(6) 우리나라에서 외부감사인의 독립성 확보와 관련된 규제에는 어떠한 것들이 있는지 찾아보고, 관련 규제의 도입배경에 대해 논의해보자.

(7) 외부감사인의 독립성을 향상시키기 위한 방법에 대해 논의해보자.

참고문헌

1 최종원(2018), 『관리회계원리』, 신영사.

2 이효익, 김한수, 이종은(2018), 『회계감사』, 신영사.

3 Institute of Internal Auditors(2012), *IIA's International Standards for the Professional Practice of Internal Auditing*.

4 Schipper, Katherine(1989), "Commentary on Earnings Management," *Accounting Horizons*.

5 권수영, 김문철, 손성규, 최관, 한봉희(2010), 『자본시장에서의 회계정보 유용성』, 신영사.

제 5 장

투자은행과 애널리스트를 통한 대리인 문제 해결

본장에서는 다음과 같은 내용을 다룬다.

- 투자은행의 기능
- 투자은행의 IPO 업무와 관련된 이슈
- 애널리스트의 기능
- 애널리스트 보고서의 신뢰성과 관련된 이슈
- 공정공시제도 도입과 애널리스트 보고서의 신뢰성

투자은행의 기능

자본시장에서 투자은행은 기업과 일반 투자자 사이를 연결해주는 중개자로서, 애널리스트는 기업과 일반 투자자에게 투자와 관련된 정보의 제공자로서 중요한 역할을 수행하고 있다. 본장에서는 대리인 문제 해결을 위한 투자은행과 애널리스트를 통한 모니터링을 검토한다.

상업은행Commercial Bank이란 개인이나 기업을 대상으로 예금을 받고 대출을 해주는 것을 주된 업무로 하는 은행이다. 즉 예금에 대해 지불하는 이자와 대출을 해줌으로써 받게 되는 이자의 차이를 수익으로 한다.

[그림 5.1] 투자은행의 기능

이와 달리 투자은행investment Bank은 장기적인 자본을 조달하고자 하는 기업과 자본을 소유한 투자자들을 서로 연결해주는 중개기관이다. 즉 기업은 신규 주식과 채권을 발행함으로써 장기적인 자본조달이 가능한데, 투자은행은 기업의 신규 주식과 회사채 발행을 돕는 역할을 수행한다. 투자은행은 기업의 장기적 자본조달에 대한 서비스를 제공해줌으로써 받게 되는 수수료를 수익으로 한다. 대표적인 투자은행으로는 메릴린치, 골드만삭스 등이 있다.

투자은행은 기업과 투자자들 사이에 정보의 흐름을 연결해주는 중개기관이다. 투자은행이 중개기관으로서의 역할을 수행함으로써 기업과 투자자 간의 연결이 발생하고, 투자가 발생하게 된다. 투자은행은 증권의 가격 형성과 관련된 정보를 수집하고 분석하며 이를 자본시장에 전달하는 역할을 한다. 효율적 자본시장에서 투자은행이 전달하는 정보는 증권의 가격 형성에 중요한 영향을 미치게 된다. 특히 투자은행이 자본시장에 전달하는 정보는 신규 증권이 발행되기 이전에 높은 영향력을 지니게 되며, 투자자는 관련 정보를 이용하여 의사결정을 수행하게 된다. 만약 투자은행이 제 역할을 수행하지 못한다면 투자자들은 해당 증권이 어느 정도의 가치를 가지고 있는가에 대한 적절한 판단을 내릴 수 없으므로, 투자의 손실 또는 투자기회의 상실이 발생하게 된다.

〈표 5.1〉 상업은행과 투자은행의 차이

	상업은행(Commercial Bank)	투자은행(investment Bank)
주된 업무	개인이나 기업을 대상으로 예금을 받고 대출을 해주는 업무를 수행함	주식과 회사채의 인수, 증권의 위탁매매 등의 업무를 수행함

투자은행의 전통적인 핵심 업무는 주식과 회사채의 인수, 증권의 위탁매매 등이다. 그러나 현대사회로 들어서면서 투자은행의 업무는 소비자금융뿐만 아니라 단기 금융시장 업무, 선물옵션·파생금융상품 업무, 투자신탁·투자자문 업무, 부동산 관련 업무, 인수·합병M&A 등의 업무까지 점차 확대되고 있다. 최근 들어 투자은행이 은행, 보험사, 부동산회사 등 자회사를 두고 여러 복합 상품을 취급하는 종합금융서비스를 취급하는 형태로까지 진화하는가 하면, 기업 간의 인수·합병M&A을 적극 개입하여 투자은행이 직접 인수대상기업을 사서 기업가치를 높인 후 되파는 일까지 발생하고 있다. 현대사회에서 투자은행이 지닌 자본사회의 파급력이 점차 확대되고 있는 상황에서 투자은행이 기업지배구조에서 차지하는 역할에 대한 논의는 중요성을 지닌다.

투자은행의 IPO 업무와 관련된 이슈

투자은행의 전통적인 핵심 업무 중의 하나가 IPO 업무이다. IPOInitial Public Offering란 중소형 개인기업이 최초로 외부투자자에게 주식을 공개 매도하는 것으로, 보통 유가증권시장이나 코스닥시장 등의 주식시장에 처음으로 상장하는 것을 의미한다. 개인기업이 영업활동만을 통해서 자본조달하는 데에는 많은 시간이 필요하고 조달가능한 자본규모에도 한계가 있다. 이에 IPO 절차를 통해 주식시장에 기업을 공개함으로써 기업의 성과와 가치를 평가받아 지속적인 성장을 위한 자본을 확충하고자 하는 것이다.

투자은행들은 IPO과정에서 중소규모의 개인기업을 주식시장에 상장하는 과정을 돕는다. 투자은행은 자본시장에 아직 알려지지 않은 기업들을 발굴하고 평가하여 투자자들에게 연결시켜줌으로써 자본시장의 부가가치 창출에 기여하는 역할을 수행한다. 신규상장되는 기업에 대한 정보는 일반 투자자들이 접근하고 평가하기에 어려움이 크다. 이미 주식시장에 상장되어 거래되고 있는 기업의 주식과는 달리, 상장되기 이전의 기업의 성과와 가치에 대한 판단을 정보나 자본력이 열악한 일반 투자자가 내리기란 결코 쉬운 일이 아니다. 따라서 일반 투자자들은 최초 공개되는 기업에 대한 투자은행이 제공하는 정보에 의존하여 가치 판단을 내리게 된다.

IPO과정에서 투자은행들은 상장을 원하는 후보기업들을 모니터링하게 된다. 투자은행에게 모니터링 역할을 기대하는 이유는, 투자은행은 IPO과정에서 필요한 모든 절차에 대한 전문성을 지니고 있고, 후보기업의 성과와 가치에 대한 평가와 분석을 직접 수행하고 있으며, 투자기회를 자본시장에 제공하는 과정에서 누구보다 많은 정보를 지니고 있으므로, 후보기업을 모니터링할 수 있는 최상의 위치에 있기 때문이다. 투자자들은 투자은행이 자본시장에서 모니터링의 역할을 수행해주고 우량한 증권만을 시장에 판매해주기를 기대한다.

이러한 투자자들의 기대를 반영하듯 미국 자본시장에서 1986년부터 1995년까지 투자은행들이 IPO한 기업들은 99%의 성공을 거두었다.[1] 즉 투자은행은 자본시장에서 모니터링 역할을 충실히 수행해주었으며 투자자(주주)들에게 우량한 증권을 공개해주는 역할을 해왔다. 그러나 1990년대 중후반에 이르러 투자은행에 대한 자본시장의 기대는 허물어지기 시작했다. 1990년대 중후반에 이르러 첨단 IT 기술과 관련된 기업들의 상장이 두드러지기 시작하고, 자본시장에서

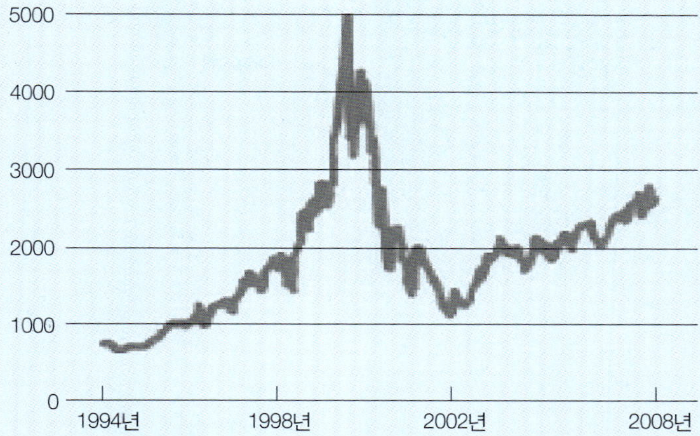

출처 : 한국경제신문생글생글, "[세계 경제사] 新산업에 대한 기대가 만든 버블… Fed 개입, 禍만 키웠다," 2014.8.25

[그림 5.2] 닷컴버블 시기 급등락한 나스닥 지수

이들 기업의 주가는 천정부지로 솟구쳤다. 투자은행들은 이를 기회로 삼아 어마어마한 수수료를 챙기며 자본시장에 수많은 첨단 IT 기술 기업들의 IPO를 진행하였다. 그러나 1998년과 2000년 사이에 IPO한 기업들의 성공률은 88%로 하락하였고, 1997년 이후에 투자은행에 의해 IPO가 진행된 닷컴기업들 중 단지 15%가 시초가 대비 수익을 발생시켰으며, 200개 이상의 기업은 시초가의 75%가 하락하여 주주에게 막대한 손실을 입혔다.[2]

사례 5.1 닷컴버블에 대한 투자은행과 애널리스트의 책임

"대체 누가 '닷컴 신기루'를 만들었을까."

주식시장 침체가 계속되는 가운데 월가에서는 닷컴붕괴에 대한

책임론 공방이 벌어지고 있다. 특히 증시에 대한 낙관론을 부풀리는 데 상당부분 기여한 애널리스트들을 바라보는 시선이 곱지 않다.

이번 달 초 한 미국인 투자자는 오도된 투자정보를 제공했다는 이유로 '닷컴 전도사'인 메릴린치의 헨리 블로짓을 고소했고, 지난 20일 파이낸셜 타임스(FT)는 사설을 통해 "애널리스트는 겸손을 배우고 본업인 분석에 충실해야 한다"고 충고했다.

이런 와중에 한 애널리스트가 닷컴붕괴 책임은 월가에 있다는 '용감한 고백'을 하고 나서면서 관심을 모으고 있다. 모건 스탠리 딘 위터(MSDW)의 미디어담당 애널리스트인 리처드 빌로티가 바로 그 주인공.

빌로티는 22일 뉴욕의 한 인터넷 컨퍼런스에 참석, "(닷컴붕괴의 핵심은) 기업들이 돈을 잃었다는 것이 아니라 '부적절하게' 자금을 모은 것"이라고 분석했다. 이와 관련 "월가는 대가를 치러야 한다"고 지적했다.

나스닥 지수가 사상 최고치 대비 62.4% 급락한 가운데 골드만삭스 인터넷 지수는 지난 1년 동안 84% 하락했다. 세계 최대 포털인 야후는 237.5달러에서 현재 14.875달러로 추락했다.

빌로티는 월가를 책망하면서 아울러 투자은행에도 비난의 화살을 퍼부었다. 그는 투자은행들이 그동안 기업공개(IPO)를 통해 돈을 벌 궁리만 했다고 지적했다. 빌로티는 투자은행은 "20세기 후반의 얼간이 중 하나"라고 혹평했다.

빌로티는 월가가 검증되지 않은 기업에 자금을 쏟아부었다며 "이는 월가의 실수"라고 평가했다. 아울러 그는 "(닷컴기업들은) 외부자금을 끌어들이지 않았어야 했다"고 밝혔다.

출처 : 머니투데이, "닷컴버블은 월가 탓 자성론 대두," 2001.3.23

애널리스트의 기능

애널리스트analyst란 자신이 근무하는 기업과 일반 투자자에게 투자와 관련된 전문적인 의견을 제공하는 역할을 수행한다. 애널리스트의 전통적인 업무는 기업의 이익을 예측하고, 주식을 추천하는 보고서를 기업과 일반 투자자에게 제공하는 일이다. 즉 애널리스트들은 국내외 경제상황, 산업현황 및 개별 기업 정보를 수집·분석하여 기업의 미래 이익을 예측한다. 또한 개별 기업의 목표주가를 제시하고 매수의견, 중립(보유)의견, 매도의견 등의 주식 추천을 한다. 애널리스트의 분석 결과는 보고서를 통해 자신이 근무하고 있는 기업 또는 일반 대중에게 전달된다.

[그림 5.3] 애널리스트의 기능

〈표 5.2〉 애널리스트의 업무

	이익 예측	주식 추천
내용	기업의 이익 예측	매수의견, 중립(보유)의견, 매도의견

애널리스트는 크게 매수측 애널리스트Buy side Analyst와 매도측 애널리스트Sell side Analyst로 나뉜다. 매수측 애널리스트는 기관투자자에게 고용되어, 기관투자자가 어떤 주식을 매수해야 하는가와 관련된 정보를 수집하고 분석한다. 따라서 관련 정보는 일반 대중에게 전달

[그림 5.4] Buy side Analysts와 Sell side Analysts

되지 않으며, 오직 기관투자자에게만 제공된다.

매도측 애널리스트는 투자은행 또는 증권사에 고용되어, 기업과 관련된 다양한 정보들을 수집하고 분석한다. 개별 기업의 영업활동, 재무활동은 물론 거시경제적 상황과 산업전망 등을 전문적으로 분석함으로써 기업의 미래 이익 및 주가를 예측하고 분석한 결과를 보고서로 작성하여 기업 및 일반 투자자에게 제공한다. 따라서 매도측 애널리스트는 기업에 대한 양질의 정보와 전문적인 분석능력을 갖추고 있으며, 관련 정보를 주식시장의 참여자들에게 제공하고 있다는 점에서 기업의 모니터링이 가능한 위치로 볼 수 있다. 따라서 본서에서는 기업지배구조적 관점에서 매도측 애널리스트의 역할에 초점을 두고 논의하고자 한다.

〈표 5.3〉 Buy side Analyst와 Sell side Analyst의 차이

	Buy side Analyst	Sell side Analyst
고용기관	기관투자자	투자은행 또는 증권사
정보 전달	기관투자자에게만 어떤 주식을 매수해야 하는가와 관련된 의견을 전달함	일반 대중에게도 분석결과를 보고서를 통해 전달함

애널리스트 보고서의 신뢰성과 관련된 이슈

애널리스트의 역할은 앞서 살펴본 바와 같이 시장 투자자에게 기업의 이익을 예측하고 목표주가를 제시하며 주식을 추천하는 일이다. 애널리스트가 기업의 이익을 추정하기 위해서는 해당 기업의 영업활동, 재무활동은 물론 기업의 역량과 장기 전략, 정부 정책 방향,

환율 변화 등 다양한 대내외 변수를 고려해야 한다. 애널리스트들은 기업과 관련된 다양한 정보들을 수집·분석하여 기업의 미래 이익을 예측한다. 애널리스트는 기업에 대한 양질의 정보와 전문적인 분석능력을 갖추고 있으며, 기업의 성과와 미래에 대한 정보를 주식시장의 참여자들에게 제공하고 있다는 점에서 기업지배구조 관점에서 기업의 감시자 중 하나로 볼 수 있다. 시장 참여자들은 애널리스트의 분석 자료를 활용하여 주식거래와 관련된 의사결정에 도움을 받을 수 있다.

많은 경우 애널리스트가 자본시장에서 효과적으로 자신의 기능을 수행하고 있지만, 때때로 애널리스트 보고서의 신뢰성에 대한 의문이 제기되기도 한다. 애널리스트 보고서의 신뢰성 문제가 발생하는 이유는 다음과 같다. 첫째, 개별 기업의 회계정보에 영향이라는 지적이 있다. 기업의 투명하지 못한 회계절차를 통해 만들어지는 재무보고의 문제로 인해 애널리스트가 정확한 예측과 추천을 하는 데 어려움을 겪기 때문이라는 것이다. 둘째, 애널리스트의 기본 역량이 부족하다는 견해도 있다. 그러나 애널리스트 보고서의 신뢰성과 관련된 가장 중요한 지적은 애널리스트가 업무수행과정에서 겪게 되는 이해상충conflicts of interest 문제이다.

구체적으로 애널리스트의 이익 예측의 신뢰성에 대해서 먼저 살펴보면, 애널리스트의 이익 예측치가 실제 보고이익에 비해 다소 낮게 추정되고 있는 경향이 존재한다. 즉 애널리스트가 자본시장에 이익 예측치를 보수적으로 발표하고 있다는 것이다. 이와 같은 현상이 발생하는 이유에 대해 크게 두 가지로 설명된다.

첫째, 애널리스트가 분석하고 있는 기업이 애널리스트가 좀더 보수적인 이익 예측치를 발표해주기를 기대하기 때문이다. 자본시장에 발표되는 애널리스트의 예측치는 시장의 기대치가 된다. 만약 애널리스트의 예측치를 기업이 달성하지 못했을 때 기업은 주가의 하락을 경험할 수 있고, 주주들은 이에 따른 책임을 경영진 등에게 물을 수 있다. 따라서 기업의 구성원들은 애널리스트가 이익을 예측할 때 기업이 달성 또는 초과할 수 있는 이익 예측치를 내놓기를 기대한다. 이러한 기업의 기대가 반영되어 애널리스트의 이익 예측치가 다소 보수적으로 추정되는 결과가 나타난다.

그렇다면 애널리스트는 왜 이와 같은 기업의 기대에 따라 이익 예측치를 실제보다 다소 낮게 발표하게 되는 것인가? 이는 애널리스트가 경영진이 가진 정보에 접근하기 위해서이다.

둘째, 애널리스트는 경영진이 가진 정보에 접근하기 위해서 보수적인 이익 예측을 하게 된다.[3] 앞서 논의한 바와 같이 기업에 대한 가장 많은 정보를 갖고 있는 주체는 바로 경영진이다. 경영진은 가장 중요한 기업 정보의 원천이라 볼 수 있다. 따라서 애널리스트가 분석대상기업의 경영진을 통해서 관련 정보를 얻을 수 있다면 애널리스트의 분석능력은 향상될 것이다. 따라서 애널리스트는 경영진의 기대에 따라 다소 보수적인 예측을 자본시장에 제공하고, 그 대신 양질의 정보를 경영진에게 제공받음으로써 자신의 분석능력을 유지 또는 향상시키기를 원한다. 물론 애널리스트의 다소 보수적인 예측이 약간의 예측 오차를 발생시킬 수 있지만, 이를 통해 경영진이 가진 정보의 접근성을 높임으로써 자신의 평판과 능력을 계속 유지할 수 있기 때문이다.

다음으로 애널리스트의 주식 추천의 신뢰성에 대해서 살펴보면, 애널리스트의 주식 추천이 매우 낙관적으로 이루어지고 있는 경향이 보고된다. 금융감독원(2019)에 따르면 국내에서 2017년 9월부터 2018년 8월까지 애널리스트 보고서 44,734건을 분석한 결과 전체 보고서 중 매도의견은 불과 2%(1,035건)에 그쳤다. 이와 같은 현상이 발생하는 이유에 대해 다음과 같은 설명들이 존재한다.

첫째, 대규모의 투자은행 업무를 수행하는 증권회사에서 애널리스트들이 겪는 이해상충 때문이라는 것이다. 즉 애널리스트가 분석기업과의 지속적인 사업관계 유지를 위하여 낙관적인 주식 추천을 제시해야 하는 이해상충conflicts of interest 문제가 존재한다는 것이다. 애널리스트는 투자은행에 소속되어 있다. 투자은행은 앞서 살펴본 바와 같이 기업의 주식과 회사채의 인수, 증권의 위탁매매 등의 업무를 수행함으로써 수수료를 받게 된다. 만약 특정 투자은행의 애널리스트가 자신의 기업에 대해 부정적인 매도의견을 제시하였다면, 기업은 해당 투자은행에게 더 이상 관련 업무를 의뢰하지 않을 것이다. 즉 다른 투자은행에게 고객을 뺏길 수 있고, 투자은행의 수익성을 악화시킬 수 있다. 따라서 애널리스트는 주식 추천과정에서 신뢰성과 투자은행의 수익성 간의 이해상충을 겪게 된다. 많은 경우 애널리스트는 신뢰성을 다소 낮추더라도 자신이 속한 투자은행의 수익성을 고려한 주식 추천을 수행하게 된다.

둘째, 애널리스트는 경영진이 가진 정보에 접근하기 위해서 낙관적인 주식 추천을 하게 된다. 앞서 논의한 바와 같이 기업에 대한 가장 많은 정보를 갖고 있는 주체는 바로 경영진이다. 경영진은 기업 정보의 가장 중요한 원천이라 볼 수 있다. 따라서 애널리스트가 분석대상기업의 경영진을 통해서 관련 정보를 얻을 수 있다면 애널리스트의 분석능력은 향상될 수 있다. 따라서 애널리스트는 낙관적인 주식 추천을 자본시장에 제공하고, 그 대신 양질의 정보를 경영진에게 제공받음으로써 자신의 분석능력을 유지 또는 향상시키기를 원한다. 만약 애널리스트가 부정적인 매도의견을 제시하게 되면 해당 기업의 경영진은 더 이상 애널리스트에게 기업의 정보를 제공하지 않을 것이다. 따라서 애널리스트는 주식 추천의 신뢰성을 다소 감소시키더라도, 이를 통해 자신이 원하는 정보의 접근성을 높임으로써 자신의 평판과 능력을 계속 유지하고자 한다.

공정공시제도 도입과 애널리스트 보고서의 신뢰성

앞서 살펴본 바와 같이 애널리스트는 보고서의 신뢰성을 다소 감소시키더라도, 경영진으로부터 사적 정보를 제공받음으로써 자신의 분석능력을 향상시키고자 하는 유인을 지닌다. 이와 같은 상황이 발생할 수 있었던 것은 기업의 선별적인 정보제공이 가능했기 때문이다. 즉 기업의 경영자가 애널리스트, 펀드매니저, 기관투자자 등 특정인들에게 먼저 선별적인 정보제공을 해왔기 때문이다. 먼저 정보를 특권적으로 제공받은 애널리스트, 펀드매니저, 기관투자자는 이를 주식거래에 활용할 수 있었고, 이 때문에 많은 대다수의 일반 투자자들은 피해를 볼 수밖에 없었다.

이와 같은 자본시장의 불공정 거래를 근절시키기 위하여 미국에서는 2000년 10월에, 우리나라에서는 2002년 11월에 공정공시제도를 도입하였다. 공정공시제도fair disclosure regulations란 기업의 정보를 애널리스트, 펀드매니저, 기관투자자 등 특정인에게 먼저 제공하는 것을 금지하는 것으로, 기업과 관련된 주요 정보는 반드시 동일한 시점에 일반 대중에게 동시에 제공되어야 한다는 것이다.

공정공시제도가 도입됨에 따라 향후 애널리스트의 이해상충 문제는 다소 감소할 것으로 보인다. 또한 경영진으로부터의 정보접근이 어려워짐에 따라 애널리스트 보고서의 정확성도 함께 감소할 것으로 보인다.

사례 5.2 애널리스트 보고서의 신뢰성

제도개선 전후 리서치보고서 공표현황

(단위 : 건, %)

구 분		제도개선 이전(2016년 9월~2017년 8월)						제도개선 이후(2017년 9월~2018년 8월)					
		내국계		외국계		전 체		내국계		외국계		전 체	
투자의견	매도	46	(–)	906	(12)	952	(2)	43	(–)	992	(13)	1,035	(2)
	매수	28,851	(78)	4,872	(63)	33,723	(76)	29,062	(79)	5,057	(63)	34,119	(76)
	중립	3,599	(10)	1,905	(24)	5,504	(12)	3,024	(8)	1,779	(22)	4,803	(11)
	미제시	4,243	(12)	106	(1)	4,349	(10)	4,622	(13)	155	(2)	4,777	(11)
대상기업	코스피	28,328	(77)	7,138	(92)	35,466	(80)	27,434	(75)	7,320	(92)	34,754	(78)
	코스닥	8,382	(23)	651	(8)	9,033	(20)	9,285	(25)	663	(8)	9,948	(22)
	코넥스	29	(–)	–	(–)	29	(–)	32	(–)	–	(–)	32	(–)
합 계		36,739	(100)	7,789	(100)	44,528	(100)	36,751	(100)	7,983	(100)	44,734	(100)

증권사 리서치 보고서의 신뢰성을 높이기 위한 금융당국의 제도개선 노력이 진행된 지 1년이 넘었지만 '매도'의견 리포트를 내지 않는 관행은 그대로인 것으로 나타났다. 증권사가 추천 주식의 목표가를 지나치게 높게 잡는 것을 막기 위해 도입된 '괴리율 공시제'의 효과도 미미했다.

20일 금융감독원에 따르면 국내에서 영업하는 증권사 47곳은 2017년 9월부터 지난해 8월까지 투자의견을 제시하는 보고서를 4만4,734건 냈다. 이 중 매도의견은 전체의 2%(1,035건)에 그쳤다. 지난 2016년 9월부터 2017년 8월까지의 매도의견 비중도 2%로, 제도 개선 1년 후에도 수치는 동일했다.

금감원은 2017년 9월 1일부터 리서치 보고서의 객관성을 높이고 애널리스트의 독립성을 강화하기 위한 제도개선 방안을 시행 중이다. 하지만 증권사들이 기업 분석 보고서에서 매도의견을 내지 않는 분위기는 좀처럼 사라지지 않고 있다.

그나마 매도 보고서의 95.84%(992건)는 골드만삭스와 도이치뱅크 등 외국계 증권사 15곳이 발간한 것이었다.

32개의 국내 증권사가 매도의견을 낸 경우는 4.15%(43건)에 그쳤다. 전체 보고서 중 매도의견의 비중은 0.1%에 그쳤다.

금감원 관계자는 "국내 증권사의 매도의견 비중이 외국계 증권사에 비해 현저히 낮은 현상은 제도개선 이전 수준과 큰 변화가 없었다"고 전했다.

제도개선 전후 목표주가 괴리율 현황

(단위 : %)

구 분	제도개선 이전			제도개선 이후			차 이		
	내국계 (a)	외국계 (b)	전 체 (c)	내국계 (d)	외국계 (e)	전 체 (f)	내국계 (d-a)	외국계 (e-b)	전 체 (f-c)
평균가 기준*	△21.2	△13.3	△18.7	△21.0	△19.5	△20.6	0.2	△6.2	△1.9
최고가 기준**	△8.6	5.2	△4.2	△10.0	△7.8	△9.4	△1.4	△13.0	△5.2

* 평균가 기준 : 대상기간 중 실제 주가평균과 목표주가 간의 차이

** 최고가 기준 : 대상기간 중 실제 최고주가(매도의견은 최저주가)와 목표주가 간의 차이

목표주가 괴리율 공시제의 효과도 제한적이었다. 금감원은 제도개선 방안의 일환으로 기업분석 보고서에 목표주가와 함께 현주가와의 차이를 표시하는 목표주가 괴리율 공시제를 도입했지만 증권사들의 목표가 부풀리기 관행이 바뀌지 않았다.

금감원에 따르면 평균가 기준 괴리율은 제도개선 이전(-18.7%)보다 제도개선 이후(-20.6%) 1.9%포인트 더 낮아졌다. 마이너스 괴리율은 실제주가가 목표주가에 미치지 못했음을 의미한다.

국내 증권사들의 주가 예측력은 외국계보다 떨어졌다. 제도개선 이전 국내 및 외국계 증권사의 목표주가 괴리율은 각각 -21.2%, -13.3%였다. 제도개선 이후에는 각각 -21.0%, -19.5%

를 기록했다. 제도개선 전후 모두 국내 증권사가 외국계 증권사보다 높은 수준의 목표주가 괴리율을 보인 것이다.

목표주가 괴리율이 가장 큰 곳은 평균가 기준으로는 교보증권(-27.9%), 토러스투자증권(-26.3%), 흥국증권(-24.3%), 골든브릿지증권(-23.7%), 유화증권(-23.3%), 키움증권(-23.2%) 등의 순으로 집계됐다. 최고가 기준으로는 교보증권(-18.9%), 키움증권(-15.9%), 이베스트투자증권(-15.9%), BNK투자증권(-12.9%), 미래에셋대우(-12.6%) 등의 순서로 적중률이 낮았다.

목표주가 괴리율이 가장 낮아 주가 적중률이 높은 증권사는 평균가 기준으로 JP모건(-11.7%), 최고가 기준으로는 도이치증권(6.6%)으로 나타났다.

증권가에서는 지난해 하반기 급격한 하락장의 영향으로 주가 변동성이 높아지면서 예측이 쉽지 않았다고 토로한다. 금감원 측은 "제도개선 이전보다 이후에 주식시장이 더 하락했기 때문"이라며 "향후 리서치 보고서 신뢰성 제고를 위해 증권사의 책임성을 강화하는 등 필요한 개선 방안을 강구할 계획"이라고 말했다.

출처 : 한국경제, "국내 증권사 '매수 일색' 보고서 여전… 1년간 매도의견 고작 0.1%," 2019.1.20

요 약

투자은행은 기업과 투자자들 사이에 정보의 흐름을 연결해주는 중개기관이다. 투자은행이 중개기관으로서의 역할을 수행함으로써 기업과 투자자 간의 연결이 발생하고, 투자가 발생하게 된다. 특히 투자은행이 자본시장에 전달하는 정보는 신규 증권이 발행되기 이전에 높은 영향력을 지니게 되며, 투자자는 관련 정보에 의존하여 의사결정을 수행하게 된다. 만약 투자은행이 제 역할을 수행하지 못한다면 투자자들은 해당 증권이 어느 정도의 가치를 가지고 있는가에 대한 적절한 판단을 내릴 수 없으므로, 투자의 손실 또는 투자기회의 상실을 겪게 된다.

IPO과정에서 투자은행들은 상장을 원하는 후보기업들을 모니터링한다. 투자은행에게 모니터링 역할을 기대하는 이유는, 투자은행은 IPO과정에서 필요한 모든 절차에 대한 전문성을 지니고 있고, 후보기업의 성과와 가치에 대한 평가와 분석을 직접 수행하고 있으며, 투자기회를 자본시장에 제공하는 과정에서 누구보다 많은 정보를 지니고 있으므로, 후보기업을 모니터링할 수 있는 좋은 위치에 있기 때문이다. 따라서 투자자들은 투자은행이 자본시장에서 모니터링의 역할을 수행해주고 우량한 증권만을 시장에 판매해주기를 기대한다. 이러한 투자자들의 기대를 반영하듯 미국 자본시장에서 1986년부터 1995년까지 투자은행들이 IPO한 기업들은 99%의 성공을 거두었다. 그러나 1990년대 중후반에 이르러 첨단 IT 기술과 관련된 기업들의 상장이 두드러지기 시작하고, 자본시장에서 이들 기업의 주가는 천정부지로 솟구쳤다. 투자은행들은 이를 기회로 삼아 어마어마한 수수료를 챙기며 자본시장에 수많은 첨단 IT 기술 기업들의 IPO를 진행하였다. 그러나 1998년과 2000년 사이에 IPO한 기업들의 성공률은 88%로 하락하였고, 1997년 이후에 투자은행에 의해 IPO가 진행된 기업들 중 단지 15%가 시초가 대비 수익을 발생시켰으며, 200개 이상의 기업은 시초가의 75%가 하락하여 주주에게 막대한 손실을 입혔다.

애널리스트analyst는 자신이 근무하는 기업과 일반 투자자에게 투자와 관련된 전문적인 의견을 제공하는 역할을 수행한다. 애널리스트의 전통적인 업무는 기업의 이익을 예측하고, 주식을 추천하는 보고서를 기업과 일반 투자자에게 제공하는 일이다. 애널리스트는 기업에 대한 양질의 정보와 전문적인 분석능력을 갖추고 있으며, 기업의 성과와 미래에 대한 정보를 주식시장의 참여자들에게 제공하고 있다는 점에서 기업지배구조 관점에서 기업의 감시자 중 하나로 볼 수 있다. 많은 경우 애널리스트가 자본시장에서 효과적으로 자신의 기능을 수행하고 있지만, 때때로 애널리스트 보고서의 신뢰성에 대한 의문이 제기되기도 한다. 구체적으로 애널리스트의 이익 예측치가 실제 보고이익에 비해 다소 낮게 추정되고 있는 경향이 존재한다. 이는 분석대상기업의 경영자가 애널리스트가 좀더 보수적인 이익 예측을 해주기를 기대하고 있고, 애널리스트는 경영진이 가진 정보에 접근하기 위해서 기업의 기대와 같은 보수적인 이익 예측을 하고 있기 때문이다.

또한 애널리스트의 주식 추천 과정에서 발생하는 신뢰성에 대한 의문도 제기된다. 애널리스트의 주식 추천이 매우 낙관적으로 이루어지고 있는 경향이 존재한다. 이는 대규모 투자은행 업무를 동시에 수행하는 증권회사에서 근무하는 애널리스트들이 겪는 이해상충 conflicts of interest 때문이다. 즉 애널리스트가 분석기업과의 계속적인 사업관계 유지를 위하여 낙관적인 주식 추천을 제시해야 하는 이해상충의 문제가 존재한다. 또한 이익 예측과 마찬가지로 애널리스트는 경영진이 가진 정보에 접근하기 위해서 낙관적인 주식 추천을 하게 된다.

우리나라에서는 2002년 11월에 공정공시제도를 도입하였다. 공정공시제도fair disclosure regulations란 기업의 정보를 애널리스트, 펀드매니저, 기관투자자 등 특정인에게 먼저 제공하는 것을 금지하는 것으로, 기업과 관련된 주요 정보는 반드시 동일한 시점에 일반 대중에게 동시에 제공되어야 한다는 것이다. 공정공시제도가 도입됨에 따라 향후 애널리스트의 이해상충 문제는 다소 감소할 것으로 보인다. 또한 경영진으로부터의 정보접근이 어려워짐에 따라 애널리스트 보고서의 정확성도 함께 감소할 것으로 보인다.

복습문제

(1) 상업은행과 투자은행은 어떤 차이가 있는가?

(2) 투자은행의 기능은 무엇인가?

(3) 투자은행이 기업지배구조 관점에서 감시자로 고려될 수 있는 이유는 무엇인가?

(4) 닷컴버블 시기에 발생한 투자은행에 대한 비판은 무엇인가?

(5) 애널리스트의 기능은 무엇인가?

(6) 매수측 애널리스트와 매도측 애널리스트는 어떤 차이가 있는가?

(7) 애널리스트 보고서의 신뢰성에 문제가 발생하는 원인은 무엇인가?

(8) 애널리스트의 이익 예측은 낙관적인가? 보수적인가? 그 이유는 무엇인가?

(9) 애널리스트의 주식 추천은 낙관적인가? 보수적인가? 그 이유는 무엇인가?

(10) 공정공시제도란 무엇인가?

(11) 공정공시제도 도입 이후에 애널리스트의 이해상충 문제와 보고서의 정확성은 어떻게 달라질 것으로 예상되는가? 그 이유는 무엇인가?

토론문제

(1) 투자은행이 IPO과정에서 모니터링을 수행할 수 있는 이유에 대해서 논의해보자.

(2) 투자은행은 IPO과정에서 상장을 하는 기업과 주식을 매수하는 투자자를 모두 고려해야 한다. 투자은행이 두 집단 모두를 고려하여 IPO를 진행해야 하는 이유에 대해 논의해보자.

(3) 애널리스트의 이익 예측 보고서를 사례로 제시하고, 실제 보고이익과의 차이가 발생했는가를 분석해보자. 이와 같은 차이가 발생한 원인에 대해 논의해보자.

(4) 공정공시제도 도입 이후에 애널리스트 보고서의 신뢰성에는 어떠한 변화가 발생했는가에 대해 논의해보자.

참고문헌

1 Sorkin, Andrew R.(2001), "Just Who Brought Those Duds to Market?" New York Times.

2 Kim, Kenneth A., John R. Nofsinger, and Derek J. Mohr(2009), "Corporate Governance," Pearson.

3 Degeorge, François, Jayendu Patel, and Richard J. Zeckhauser(1999), "Earnings Managemnet to Exceed Thresholds," *Journal of Business*.

제 6 장

기관투자자, 외국인투자자를 통한 대리인 문제 해결

본장에서는 다음과 같은 내용을 다룬다.

- 기관투자자의 모니터링
- 기관투자자의 의결권 행사
- 스튜어드십 코드 도입
- 외국인투자자의 모니터링

기관투자자의 모니터링

본장에서는 대리인 문제 해결을 위한 기업지배구조 측면에서 기관투자자, 외국인투자자를 통한 모니터링을 검토한다. 개인투자자가 경영진에 대한 감시기능을 수행하는 데에는 한계가 존재하기 때문에, 대규모 자본을 투자하고 있는 기관투자자나 외국인투자자가 경영진에 대한 감시자로서의 역할을 수행해주기를 기대하는 시각이 있다. 기관투자자와 외국인투자자는 기업과 경영진을 감시하는 데 필요한 우월한 정보수집능력과 전문적인 분석력을 지니고, 높은 모

[그림 6.1] 개인투자자와 기관투자자

니터링 인센티브를 가지며, 높은 지분을 보유하고 있어 기업에 대한 영향력 행사가 가능하다는 점에서 경영진의 기회주의적 행동에 대한 견제기능을 수행하기에 유리한 위치에 있다. 본장에서는 외부 기업지배구조로서 기관투자자와 외국인투자자의 역할에 대해서 논의하고자 한다.

자본시장에서 투자자의 형태는 다양하게 구분된다. 투자자의 주체에 따라 개인투자자individual investors와 기관투자자institutional investors로 구분된다. 개인투자자는 개인의 자격으로 증권에 투자하는 자인데 반해, 기관투자자는 법인(法人)의 자격으로 증권에 투자하는 자를 의미한다. 즉 기관투자자는 연금, 기금, 은행, 보험사, 증권사, 투자신탁사 등의 법인투자자이다. 또한 투자자의 국적에 따라 국내투자자native investors와 외국인투자자foreign investors로 구분된다. 우리나라는 1992년 외국인투자자에 대한 직접투자를 허용하고, IMF 이후인 1998년 5월부터 일부 예외 업종을 제외한 외국인의 투자한도를 전면 폐지함으로써 자본시장 개방을 완료했다. 투자자의 형태를 투자기간에 따라 분류하면 단기투자자short-term investors와 장기투자자long-term investors로 구분된다. 단기투자자는 기업의 미래 가치나 성장성에 관심을 두기보다는 현 시점의 가치가 저평가된 증권에 단기투자하여 주가상승 시점에 바로 처분함으로써 단기적인 시세차익을 노리는 투자자이다. 반면 장기투자자는 단기적인 주가 움직임보다는 장기적인 기업의 가치와 성장성에 보다 관심을 갖는 투자자이다. 자본시장에서 기관투자자와 외국인투자자는 투자대상기업의 보유지분이 높으면서 정보우위를 바탕으로 한 높은 수익률을 거두고 있는 것으로 알려져 있다. 또한 기관투자자나 외국인투자자가 장기적인 주식투자를 하게 될 경우에는 지속적으로 기업경영에 관심을 갖고 정보우위를 바탕으로 한 경영진 감시활동에 적극적으로 나설 가능성이 있다.

〈표 6.1〉 투자자 형태 분류

	구 분
주체에 따른 분류	개인투자자(individual investors) 기관투자자(institutional investors)
국적에 따른 분류	국내투자자(native investors) 외국인투자자(foreign investors)
투자기간에 따른 분류	단기투자자(short-term investors) 장기투자자(long-term investors)

개인투자자와 기관투자자는 경영진에 대한 모니터링을 수행하는 데 있어서 효익과 비용 면에서 큰 차이를 보인다. 개인투자자가 기업과 경영진에 대한 모니터링을 적극적으로 수행하는 데에는 한계가 있다. 가장 큰 이유는 개인투자자가 모니터링을 통해서 얻게 되는 효익(자신이 보유한 증권의 가치 상승)이 모니터링으로 발생하는 비용에 비해 매우 작기 때문이다. 기업과 경영진을 모니터링하는 데에는 막대한 비용과 시간이 발생한다. 작은 금액을 투자하고 있는 개인이 대형 기업과 그 속의 경영진을 상대로 직접적인 모니터링을 수행하는 데 발생하는 비용은 너무나 크다. 따라서 개인투자자가 기업과 경영진에 대해 적극적인 모니터링 활동에 직접 나서기란 결코 쉬운 일이 아니다. 이와 같은 이유로 개인투자자들은 대부분 기업 감시자로서의 역할에 소극적일 때가 많으며, 더 나아가 무관심적인 태도를 보일 때가 많다.

반면 기관투자자는 기업에 대규모 자본을 투자하고 있기 때문에 모니터링하는 데 발생하는 비용에 비해서 얻게 될 미래 기대 효익이 더 크다. 즉 기관투자자는 높은 보유지분과 규모의 경제로 인해 기업 감시에 필요한 비용이 상대적으로 낮다. 더구나 기관투자자는 충분한 정보력과 자본력을 지니고 있으므로 기업과 경영진에 대한 적극적인 견제기능을 수행할 역량을 지니고 있다. 따라서 기관투자자는 자신의 이익 보호를 위해 기업의 경영활동과 의사결정과정에 직접적인 영향력을 미치거나 개입할 수 있다.

기관투자자의 의결권 행사

기관투자자의 주주행동에 대해서는 상반된 관점이 양립하고 있다. 기관투자자의 주주행동이 주주의 이익을 위해서 필요한 기업지배구조적 활동이라고 보는 관점과, 기업경영에 대한 과도한 간섭을 야기하는 부작용이 더 클 수 있다는 관점이다. 먼저, 기관투자자의 주주총회에서의 주주제안과 같은 주주행동에 대해서, 해당 기업의 수익개선과 기업지배구조 개선 효과를 가지고 온다는 긍정적인 시각과, 관련 행동이 장기 주식가치나 수익 개선에 아무런 영향을 주고 있지 않다는 부정적인 시각이 양립한다. 또한, 기관투자자의 의결권 반대행사가 적극적인 주주행동이며 기업과 경영진에 대한 모니터링 효과가 있다고 보는 긍정적인 시각과, 관련 행동이 기업에는 부정적일 수 있으며 무의미하고 소모적이라는 부정적인 시각도 존재한다. 즉 기관투자자의 기업의사결정 참여가 경영진에 대한 적극적인 감시활동인지 아니면 주주이익을 훼손시키는 활동인지에 대해서는 의견이 분분하다.

과거부터 기관투자자의 의결권이 보장되어 있던 미국과 달리, 우리나라에서 기관투자자가 의결권을 보유하게 된 것은 최근의 일이다. 우리나라에서는 1997년 IMF 외환위기 이전까지는 기관투자자의 적극적 의결권 행사가 법으로 금지되어 있었다. 그러나 외환위기 이후 기업지배구조 개선을 위한 정책의 일환으로 기관투자자의 의결권 행사가 가능해졌다. 2003년부터 기관투자자의 의결권 행사가 허용되었다. 또한 2008년과 2011년에 금융감독원, 금융투자협회, 그리고 한국기업지배구조원에서 기관투자자의 의결권 행사와 관련된 가이드라인을 제정하였고, 2013년 자본시장법 개정을 통해 기관투자자의 충실의무를 명시하고 기관투자자의 의결권 행사 내역을 공시하도록 규정이 도입되었다.

우리나라의 기관투자자 의결권 행사와 관련된 여러 법적·제도적 기반이 마련되었음에도 불구하고 기관투자자의 의결권 행사는 극히 드물다. 우리나라의 기관투자자가 의결권 행사에 소극적인 태도를 보이는 데에는 다음과 같은 이유가 있다.[1]

첫째, 우리나라의 경우 기관투자자가 주로 재벌 또는 금융지주회사 계열에 속해 있거나, 투자대상기업과의 이해관계를 지니고 있는 경우가 많아 의결권 행사에 소극적이라는 비판이 있다. 즉 기관투자자가 투자대상기업과 퇴직연금 운용이나 증권인수 등 주요 재무적인 거래 관계에 놓여 있는 경우가 많다.

둘째, 우리나라에서는 기관투자자의 소극적인 의결권 행사가 가지고 올 책임의 범위에 대한 규정이 미비하여 의결권 행사에 대한 유인이 작다는 지적이 있다. OECD 발표에 따르면 조사대상 국가 중 절반 이상이 기관투자자들이 정기적으로 투자대상기업을 모니터링할 것을 의무화하거나 권고하는 규정을 마련하고 있다. 즉 기관투자자에게 투자대상기업에 대한 모니터링 책임을 규정하고, 기관투자자가 모니터링을 하거나 하지 않는 이유를 공개적으로 설명할 의무를 부여하고 있다.

셋째, 우리나라의 경우 주주총회 공시 및 개최 일정 등이 촉박하게 진행되어 기관투자자가 충분한 정보 수집과 안건을 분석하는 데 어려움이 있다는 비판도 있다.

넷째, 기관투자자의 의결권 행사를 지원할 수 있는 기업 내부 인력, 전문성, 업무프로세스가 부족하다는 지적도 있다.

다섯째, 기관투자자가 의결권 행사를 위탁하거나 자문을 받을 수 있는 외부전문기관이 부재하다는 지적도 있다.

사례 6.1 기관투자자의 의결권 행사

정기 주주총회 시즌을 맞아 자본시장의 큰손인 국민연금 등 기관투자자들이 본격적인 의결권 행사를 예고하고 있다. 사장 선임과정에 대한 설명을 요구하거나 저배당 기업에 배당 확대 등을 제안하는 움직임이 나타나고 있다. 금융투자업계는 지난해 스튜어드십 코드를 도입한 이후 처음으로 맞는 주총에서 기관투자자들이 어떤 행보를 보일지, 그동안 받아왔던 거수기 오명을 벗을 수 있을지 주목하고 있다.

스튜어드십 코드는 연기금, 자산운용사 등 기관투자자들이 자산을 맡긴 고객을 위해 충실한 집사(스튜어드)처럼 기업을 상대로 주주권 행사를 강화하기 위해 만들어졌다. 기관투자자가 단순히 주식을 보유한 것에 그치지 않고 기업과 적극적으로 대화하며 지속가능 성장에 기여하고 고객의 이익을 극대화하도록 하며 기업의 편법 운영을 감시하고, 의결권을 적극적으로 행사하라는 지침이다.

▶ 목소리 내기 시작하는 국민연금

7일 금융투자업계에 따르면 국민연금 기금운용본부는 지난달 20일 KT&G 이사회 의장에게 공문을 보내 사장후보추천위원회 심사 내용 및 결과에 대한 설명을 요청했다. KT&G의 최대주주인 국민연금은 KT&G에 심사과정에 대한 전반적 설명과 이사회를 비롯해 산하 위원회 의사록 사본까지 요구한 것으로 알려졌다.

국민연금은 공문을 통해 백복인 현 대표이사 사장 연임과 관련, 일각에서 제기되는 분식회계 의혹과 사장후보 추천과정에 대한 문제제기를 언급하며 백 사장 연임과정을 추궁했다는 점에서 이미 반대의사를 타진한 것이란 분석도 나온다. 국민연금의 의결권 행사를 자문하는 한국기업지배구조원도 부정적 입장을 내놓은 바 있다.

국민연금은 또 올해 정기 주총에서 '배당 확대' 목소리를 적극적으로 낼 것으로 보인다. 국민연금은 지난 2016년 국내 기업의 배당 현황을 파악하고 10개 안팎의 저배당 기업 리스트를 만들고 관리하는 것으로 알려졌다. 또 국내 상장사들의 배당 현황과 배당 결정요인, 해외 연기금의 배당정책 등을 조사하는 연구용역을 발주했다. 오는 9월까지 진행하는 이 연구를 통해 국민연금은 자체 배당 관련 정책을 내놓을 예정이다.

▶ 침묵 또는 '예스맨'으로 일관했던 기관투자자

그동안 국내 주요 상장기업의 대주주인 연기금과 기관투자자들은 의결권 행사에 소극적 모습을 보여왔다. 주총에서 침묵 또는 '예스맨'의 행보를 보이며 기업의 주총 안건에 반대의견을 거의 내지 않았다. 기업 발전을 위한 건설적 제안을 한 적도 없다.

한국기업지배구조원 의결권정보광장(VIP)에 따르면 국민연금, 사학연금, 공무원연금 등 국내 3대 연기금의 주총 안건에 대한 의결권 행사 반대율은 낮은 수준이다. 지난해 국민연금의 반대율은 16.60%, 공무원연금은 19.30%였고 사학연금은 1.71%에 불과했다.

자산운용사와 증권사 등 민간 기관투자자들의 반대율은 더 낮았다. 지난해 반대율 현황을 보면 102개 기관투자자들 중 72개사의 반대율이 1% 미만이었다. 반대율이 높은 기업의 주총에서 아예 의결권을 행사하지 않은 사례도 많다. 의결권 행사에 대한 충실도가 4점 이상인 곳은 14개사에 불과했다. 10점 만점에 4점 이상을 받아야 의결권 행사가 양호한 것으로 평가된다.

전문가들은 지난해부터 스튜어드십 코드를 본격적으로 도입하기 시작한 기관투자자들이 올해 주총에서는 적극적인 의결권을 행사할 것이라고 전망했다. 또 연기금 등 기관투자자들이 그동안 '거수기' 역할에서 벗어나 주총 안건에 적극적인 의결권을 행사하고 투자자의 수익률 극대화를 위해 주주권을 강화한다면 기업지배구조도 개선될 것이라고 기대했다.

한편 한국지배구조원에 따르면 6일 기준 스튜어드십 코드를 도입한 곳은 모두 27곳이다. 미래에셋, 한국투자신탁, KB, 트러스톤 등 PEF를 포함한 자산운용사는 25곳이 있으며 자문사는 서스틴베스트, 제브라투자자문이 참여하고 있다.

참여계획서를 제출한 기관은 모두 43곳으로 삼성자산운용과 대신자산운용 등 37개사, 보험사 2곳, 증권사 3곳, 은행 1곳 등이 있다.

현재 연기금은 참여계획서를 제출한 곳이 하나도 없지만 국민연금이 도입을 추진하고 있으며 한국교직원공제회와 지방행정공제회, 한국투자공사(KIC)가 도입을 결정하고 준비 작업을 진행중이다.

스튜어드십 코드를 도입한 기관투자자들은 공정한 '의결권 행사’를 위해 한국기업지배구조원, 서스틴베스트, 대신경제연구소 등 의결권 자문기관을 적극 활용한다는 계획이다.

출처 : 내일신문, “기관투자자들, 거수기 오명 벗을까/이사 감사선임, 배당정책에 적극적 의결권 행사 예고,” 2018.3.7

사례 6.2 기관투자자의 주주행동 활성화

올해 정기 주주총회의 주요 화두는 투명경영과 지배구조, 주주권 강화 등이 꼽힌다. 지난해 스튜어드십 코드를 도입한 이후 처음으로 맞는 주총이기 때문에 기관투자자들이 어떻게 의결권 행사를 할지에 대한 관심도 높아지고 있다.

하지만 국내 기관투자자들은 주주권 행사 경험이 거의 없다는 점이 한계로 지적된다. 인력과 전문성, 업무프로세스 등도 미비한 실정이다. 이에 전문가들은 기관투자자들의 주주권 강화를 위해서는 점진적 접근이 필요하며 주주제안 의제 확대와 의결권 자문사 규제, 일임제도 개선 등 제도정비가 필요하다고 강조했다.

▶ 걸음마 수준인 주주권 행사

8일 금융투자업계에 따르면 국내 기관투자자들은 그동안 주주권 행사 경험이 없어 주총에서 의결권을 행사하는 활동에 많은 한계가 있을 수 있다는 지적이 나왔다.

송홍선 자본시장연구원 선임연구위원은 지난달 ‘스튜어드십 코드와 기관투자자의 주주권 행사’라는 보고서에서 “우리나라에서는 내부 지분율이 높은 대기업 중심의 기업체제와 자본시장 성장을 제약한 은행 중심의 금융제도 특성으로 인해 기업지배구조에서 자본시장의 역할이 미미했다”며 “그동안 기관투자자들은 주주권을 제대로 행사할 경험이 없었고 전문성도 부족하다”고 밝힌 바 있다.

스튜어드십 코드는 기관투자자들의 수탁자 책임이 주주관여 활동으로 확장된 것이다. 때문에 경영진과 건설적인 대화를 하거나 문제 해결을 위해 보다 적극적인 주주제안을 하는 행위가 필요하다.

하지만 현재 우리나라의 주주제안제도는 상법과 정관 사항만으로 의제가 제한되어 있어 건설적인 주주관여전략이 활성화되기 어렵다는 비판이 나온다. 지배구조 이외의 경영전략, 환경, 노동, 공급망, 노동권 등 다양한 비재무요소에 대한 제안은 주총에 부의될 수 없다. 이는 기업과 건설적 주주관여를 지향하고, 주주권 행사의 범위를 비재무정보까지 포함하고 있는 스튜어드십 코드의 기본 방향과 상충된다. 미국의 경우 13가지 주주제안 배제요건에 해당되지 않으면 어떤 의제도 주주제안이 가능해 우리나라와는 큰 차이가 있다. 이에 송 연구원은 "일정지분 이상 보유 주주에게 부여되는 주주제안 제출 기한과 범위를 확대해 주주권 행사를 보장해야 한다"고 강조했다.

아울러 송 연구원은 "기관투자자들이 의결권 행사를 위탁할 가능성이 높은 만큼 의결권 자문사에 대한 규제를 도입해야 한다"고 제안했다. 또 "지배구조 공시와 회사의 사회 · 환경 · 노동 현안에 대한 정보공개를 강화해 주주권 행사 판단 근거를 마련하고 신탁계약에만 허용된 의결권 위임을 투자일임계약에도 허용하는 것이 필요하다"고 주장했다.

▶ 주주관여 책임, 의무 또는 권고 규정 마련해야

주주권 행사는 크게 투자대상회사에 대한 모니터링, 개선사항에 대한 건설적 대화와 의결권 행사 등이 있다. 많은 나라들이 기관투자자의 주주권 행사 정책을 다양한 방법을 통해 규율하고 있다.

OECD가 조사한 47개 국가 중 투자대상회사에 대해 기관투자자들이 주기적으로 모니터링을 할 것을 의무화하거나 권고하는 규정을 둔 나라는 26개 국가(전체의 55%)에 달했다. 스튜어드십 코드를 도입한 나라는 기관투자자에게 투자대상회사에 대한 모니터링 책임을 규정하고 있다. 코드에 가입하면 모니터링을 하거나 하지 않는 이유를 설명해야 한다.

경영진과의 건설적 대화를 규정하고 있는 나라는 47개 국가 중에서 16개 국가(전체의 34%)였다. 미국과 홍콩 등은 건설적 대화에 연방 차원의 규제 근거는 없지만 공적연금을 규율하는 미국의 주정부 차원의 법이나 규정은 존재하고 있다. 아울러, 주주권 행사를 전문기관에 위탁해도 기관투자자의 수탁자로서 책임은 그대로 유지되도록 명문으로 규정한 나라들은 23개 국가다. 의결권정책을 공시하고 주주활동 내역을 공개하는 규제는 18개 국가에서 채택하고 있다.

출처 : 내일신문, "기관투자자 주주권 활성화/기업과 건설적 대화, 주주 제안 확대해야," 2018.3.8

스튜어드십 코드 도입

최근 우리나라 기관투자자의 기업지배구조적 역할 강화와 관련하여 가장 큰 화제는 스튜어드십 코드의 도입이다. 우리나라는 2017년에 스튜어드십 코드를 자본시장에 도입하였다. 스튜어드십 코드stewardship code란 기관투자자의 역할이 단순한 주식보유와 의결권 행사에 머무는 것이 아니라, 투자대상기업과의 적극적인 대화과정을 통해 장기적으로 투자대상기업이 지속적인 성장을 할 수 있도록 도움으로써 이를 바탕으로 고객과 수익자의 장기적인 이익을 극대화하는 것을 목적으로 하는 연성규범soft law이다. 즉 스튜어드십 코드의 도입 목적은 기관투자자가 투자기업에 대한 적극적인 관여를 함으로써 고객과 수익자의 이익을 도모하라는 것이다. 그러나 전통적으로 기관투자자는 기업에 조언을 하거나 경영활동에 관여하는 것에 익숙하지 않다. 스튜어드십 코드는 이러한 전통적인 기관투자자의 역할을 깨고, 기업경영에 적극적인 참여를 독려한다. 특히 스튜어드십 코드는 수탁책임의 개념을 주주관여 활동으로 확장한다. 또한 수탁책임의 주주관여 활동의 범위가 재무적 요소뿐만 아니라, 경영전략, 지배구조, 사회, 환경 등과 같은 비재무적 요소까지 확장되

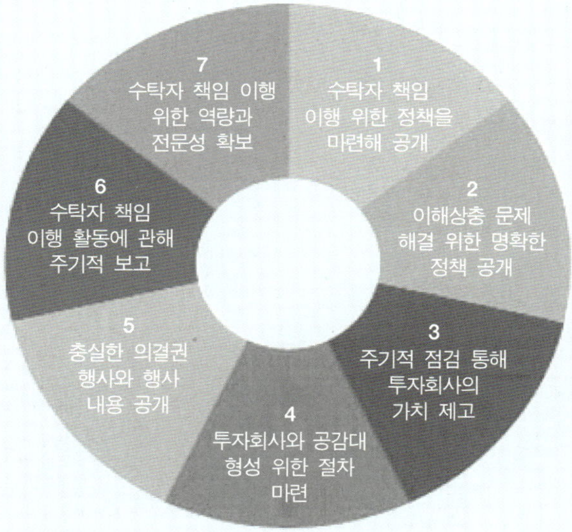

자료 : 한국기업지배구조원

출처 : 이코노미조선, "기관 · 운용사들 도입 가속화… 기업 · 주주가치 제고 목표, 영국서 시작, 세계 20개국 채택… '연금 사회주의' 논란도," 2018.1.22

[그림 6.2] 우리나라 스튜어드십 코드의 7대 원칙

〈표 6.2〉 우리나라의 스튜어드십 코드의 특징

원칙 중심 접근	• 세부사항 대신 코드 참여자가 자율적으로 이행할 원칙과 기준을 제시 • 구체적인 내용은 해설서, 법령해석집에서 참조가능
주주·회사 간 양방향 소통 강조	• 수탁자 책임의 이행은 일상적 경영간섭이 아니며, 회사와의 공감대 형성에 기초 • 기관투자자와 회사 간 '명확하며 건설적인 목적'을 지향하는 대화의 중요성 강조
기관투자자·주주 활동의 신뢰도 제고 필요성 강조	• 참여자에게 수탁자 책임의 효과적 이행을 위한 역량·전문성을 제고할 책임 명시 • 수탁자 등에 대한 적정보수 지급 등이 필수적임을 시장, 관계부처가 공유할 필요
코드 이행의 실효성 제고 도모	• 이행방침설명서, 수탁자 책임·이해상충방지 등 정책을 공개하도록 명시 • 코드 참여·이행 지원, 관련 시장동향 조사 기관으로서 기업지배구조원 역할 명시
자산 소유자·운용자 간 역할 분담 강조	• 자산소유자는 자산운용자의 적절한 선정관리감독을 통해 수탁자 책임 이행이 가능 • 역할 분담이 가능하도록 자산소유자와 자산운용자 간의 의사소통 필요성을 제시
법적 불확실성 완화를 위한 시장·당국의 공동노력 강조	• 기관투자자, 자문사 등 코드 참여자는 주주활동의 다양한 유형과 사례를 제시 • 당국은 법적 불확실성 최소화를 위한 유권해석 등을 제시

출처 : 한국기업지배구조원

었다는 데 특징이 있다. 즉 스튜어드십 코드는 기관투자자가 주주관여 활동을 해야 할 수탁책임을 지니며 비재무적 요소까지 모니터링을 해야 한다는 것이다.

스튜어드십 코드는 법적인 강제력은 없는 하나의 원칙이다. 기관

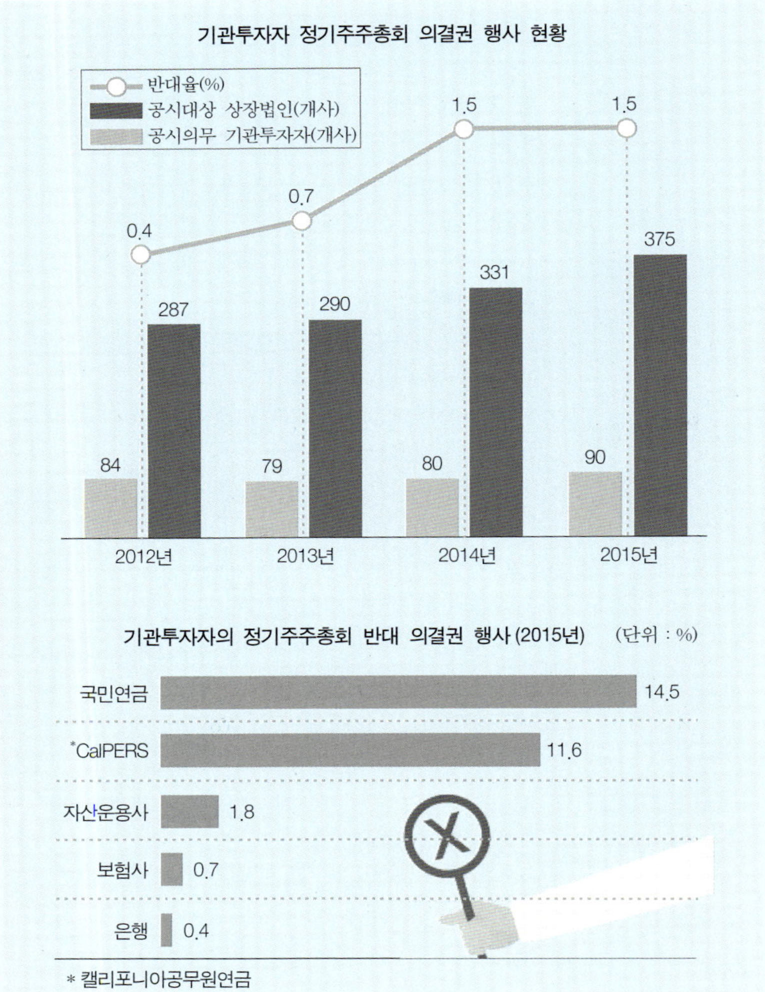

자료 : 한국기업지배구조원

출처 : 비즈니스워치, "[한국형 스튜어드십 코드] ① 일단 시작은 했는데," 2017.6.7

[그림 6.3] 기관투자자의 의결권 행사

〈표 6.3〉 스튜어드십 코드 도입 현황

합 계	연기금	보험사	자산 운용사	PEF 운용사	증권사	투자 자문사	서비스 기관	은 행	기 타
114	1	5	41	35	3	2	4	2	21

자료 : 한국기업지배구조원, 2019.11.30 기준

출처 : 데일리한국, "'스튜어드십 코드' 도입 기관투자자 100곳… 자산운용사 35곳 '최다'," 2019.6.28

투자자는 관련 코드의 취지와 내용에 동의하여 자발적인 참여를 결정한다. 그리고 코드의 이행에 관해서는 '원칙준수, 예외설명' 방식을 적용한다. 즉 기관투자자는 원칙을 준수하기 위해 노력을 기울이고, 적절하지 않다고 판단되는 코드의 세부원칙과 지침은 그 사유를 설명하고 이행하지 않아도 된다.

스튜어드십 코드는 기업지배구조 개선을 위한 기관투자자의 적극적인 역할을 고취시키기 위한 방안으로, 어느 기관투자자가 스튜어드십 코드를 도입했는지 여부 그리고 코드 도입 후 구체적으로 어떻게 이행하고 있는가에 대한 구체적인 정보를 자본시장 참여자에서 공시하도록 하고 있다. 스튜어드십 코드 도입과 관련된 공시정보가 자본시장 참여자에게 제공됨에 따라 투자자들은 선택의 기회를 가질 수 있고, 기관투자자에게는 기업과 경영진을 적극적으로 감시할 유인을 제공하게 된다. 즉 스튜어드십 코드는 법적인 강제력은 없지만, 기관투자자에게 적극적인 기업지배구조적인 역할을 수행하도록 유인을 제공한다.

사례 6.3 기관투자자의 스튜어드십 코드 도입 후 변화

주주총회에서 '거수기'나 다름없던 기관투자자들이 스튜어드십 코드(수탁자 책임 원칙) 도입 이후 반대표를 던지는 비율이 2배 가까이 상승한 것으로 나타났다. 특히 이른바 '장하성 펀드'로 불린 한국기업지배구조펀드를 운용했던 존 리가 대표를 맡고 있는 메리츠자산운용은 다른 자산운용사보다 반대율이 3배가량 높았다.

7일 한국기업지배구조원의 의결권정보광장 포털에 따르면 2017년 코스피 상장사에 대한 의결권 행사 정보가 공개된 기관투자자 105곳 중 6곳이 지난해 스튜어드십 코드를 도입했다. 이들이 지난해 주총에서 경영진 제안 안건에 반대한 비율은 평균 10.55%로 2017년 5.90%보다 2배 뛰었다.

6개 기관투자자 중 메리츠자산운용의 반대율은 2017년 19.41%에서 6.66%포인트 상승한 26.07%로 가장 높았다. 동양자산운용은 10.54%로 1년 새 9.22%포인트, KB자산운용은 8.12%로 4.20%포인트 각각 상승했다. 신한BNP파리바자산운용의 반대율은 2017년 0%에서 지난해 8.42%로 올랐다.

최근 국민연금도 스튜어드십 코드를 채택하면서 다음 달 열리는 올해 정기 주총 시즌에는 기관투자자들이 보다 적극적으로 의결권을 행사할 것으로 전망된다. 현재까지 스튜어드십 코드를 도입한 기관투자자는 총 79곳이며 기업지배구조원에 참여계획서를 낸 참여 예정 기관도 35곳에 이른다.

기업지배구조원 관계자는 "2017년까지는 주총 반대율의 변화가 미미했지만 이후 스튜어드십 코드 도입 기관들의 반대율은 유의미한 수준으로 변했다"면서 "올해 주총에서 뚜렷한 변화가 있을 것"이라고 말했다.

출처 : 서울신문, "스튜어드십 코드 도입한 기관, 주총 반대율 2배 껑충," 2019.2.7

외국인투자자의 모니터링

우리나라는 1992년에 외국인투자자에 대한 직접투자를 허용하고, 1994년에는 채권시장을 개방하였으며, 1997년에는 코스닥증권시장에 대한 직접투자를 허용하고, IMF 이후인 1998년 5월부터 일부 예외 업종만을 제외하고 외국인투자자의 투자한도를 폐지함으로써 외국인투자자의 자본시장 참여를 적극 개방하였다. 외국인투자자가 우리나라 자본시장에서 차지하고 있는 비중은 지난 2014년 기준으로 35%(유가증권시장 시가총액 대비)에 달하며 계속해서 완만하게 상승하는 추세를 보이고 있다. 특히 외국인투자자의 투자 행태는 시가총액이 큰 상위 종목으로 구성하는 이른바 '바스켓 매매'를 보인다. 즉 외국인투자자는 시가총액이 큰 대형주와 상장지수펀드ETF를 우선으로 시장 전체를 사는 매매 행태를 보인다. 이에 따라 2014년 기

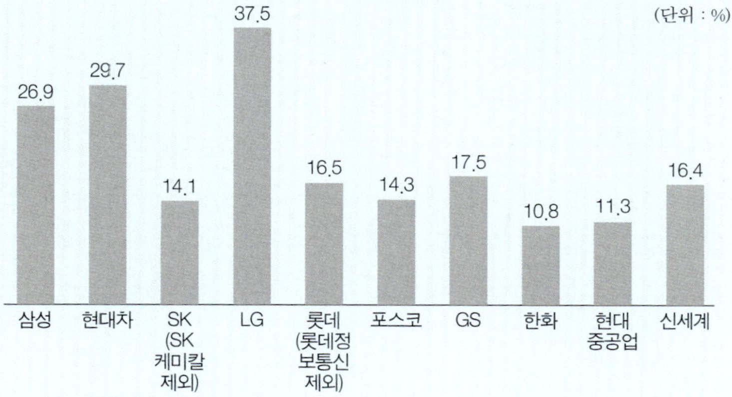

출처 : 한국거래소 (2018.11.23 현재)

[그림 6.4] 외국인투자자 지분율 현황(10대 그룹 평균 외국인 지분율)

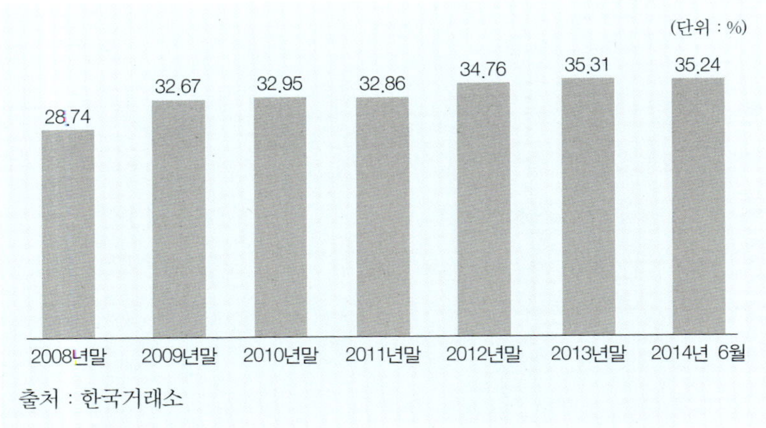

[그림 6.5] 외국인투자자의 비중 변화 추이(유가증권시장 시가총액 대비)

준 시가총액 100위 안의 대형주에 외국인투자자 비중이 41.5%에 달하고 있다. 이처럼 우리나라 자본시장 내에서 외국인투자자의 비중이 점차 확대됨에 따라, 외국인투자자에게 거는 외부 기업지배구조로서의 역할 또한 점차 강조되고 있다.

우리나라에서 외국인투자자에 대한 투자를 개방한 초기에는 외국인투자자가 자본시장에 미치는 영향력과 효과에 대한 기대는 매우 고무적이었다.[2] 외국인투자자를 통한 기업과 경영진의 모니터링 활동을 통해, 경영진과 외부 주주 간의 정보비대칭성이 감소되고 경영진의 사적이익 추구 현상이 줄어들 것이라는 기대가 자본시장에 형성되었다. 즉 외부 기업지배구조의 한 축으로 외국인투자자가 순기능적인 역할을 담당하면서 자본시장의 대리인 문제 감소 효과를 가져올 것으로 기대되었다.

우리나라 자본시장에서 보고되었던 외국인투자자에 대한 자본시장의 순기능은 다음과 같다.

첫째, 외국인투자자의 투자가 기업지배구조의 독립성 향상에 기여했다는 연구결과가 보고되었다.[3] 외국인투자자가 기업 외부의 감시주체로 대리인 문제를 해소하고 지배구조를 개선시켰다는 것이다. 즉 외국인투자자가 기업 경영진의 감시활동에 적극적으로 나섬으로써 지배구조 및 경영 투명성 향상에 일정부분 기여하고 있다는 것이다.

둘째, 외국인투자자의 투자가 기업가치 상승에 영향을 준다는 연구결과가 보고되었다.[4] 외국인투자자가 기업과 동반자적 투자성향을 보임으로써 장기적으로 안정적인 자본을 제공하고 기업경영활동에 선진적인 기법들을 전수한다는 것이다. 이는 외국인투자자가 장기적인 경영참여 목적으로 투자에 임할 경우, 경영감시자로서 역할을 충실히 수행함으로써 기업가치 제고에 힘쓰게 된다는 것이다.

셋째, 외국인투자자의 투자가 이루어진 기업일수록 높은 감사품질을 보인다는 연구결과가 보고되었다.[5] 이는 외국인투자자가 투자대상기업을 선정하는 과정에서 감사품질을 중요한 변수로 고려함으로써, 외국인의 투자유치를 원하는 기업은 감사품질을 향상시켜야 할 필요성이 제기된다.

넷째, 외국인투자자의 투자가 이루어진 기업일수록 재무보고이익의 질이 향상된다는 연구결과가 보고되었다.[6] 즉 경영진의 사적 이익 추구를 위한 이익조정 행위가 감소되고, 이익공시 이후의 주가표류현상이 감소된다고 보고되었다.

이와 같이 외국인투자자가 자본시장 내에서 외부감시자로서 활동함으로써 기업의 경영진을 감독하고 기업의 가치 증진에 기여한다는 연구결과들이 보고된 바 있다.

그러나 최근 들어 외국인투자자의 순기능에 대한 회의적인 시각들도 함께 제기되고 있다.

우선, 가장 큰 비판은 외국인투자자가 단기적인 투자성향을 보일 경우에 투기적으로 단기 시세차익에만 집중하여 적절한 모니터링을 수행하고 있지 않다는 것이다.[7] 외국인투자자의 비중 자체가 의미를 지니는 것이 아니라 장기적 관점에서의 투자가 이루어진 상황에서만 기업지배구조적인 역할을 기대할 수 있다는 지적이다.

둘째, 외국인투자자가 투자대상기업에게 과도한 고배당을 요구함으로써 기업의 장기적인 투자활동을 위축시키고 기업의 성장을 방해하고 있다는 것이다. 즉 외국인투자자들이 단기적인 배당이익만을 노려 투자하는 성향이 관찰된다는 것이다.[8]

셋째, 우리나라의 외국인투자자 중에는 세금회피를 목적으로 위장 중인 거짓 외국인투자자가 상당수 포함되어 있다는 것이다. 소위 '검은 머리 외국인'이 바로 그것이다. 세금회피를 목적으로 국내투자자가 외국인투자자로 둔갑한 경우가 발생하고 있다.

요약컨대, 외국인투자자의 기업지배구조로서의 모니터링 기능은 외국인투자자의 성향에 따라 결정된다. 단순히 외국인투자자가 높은 지분율을 보유하고 있는 것이 중요한 것이 아니라, 기업과 동반자적인 투자자로서 장기적 가치를 높이기 위한 목적의 투자라면 모니터링 유인이 큰 반면, 이와 달리 투자기간이 짧고 기업의 장기적인 성과와 기업가치에 관심이 없는 단기적인 시세차익에만 초점을 맞춘 투기의 경우에는 기업지배구조 역할을 기대하기 어렵다.

사례 6.4 세금회피를 목적으로 위장중인 거짓 외국인투자자

국내 증시에서 주식거래를 하는 외국인투자자 5명 중 1명은 해외 조세피난처에 법인을 설립한 투자자인 것으로 나타났다. 금융당국은 이 중 상당수가 세금회피 등을 위해 외국인으로 위장하고 해외법인을 이용하는 '검은 머리 외국인'인 것으로 추정하고 있다.

14일 국회 정무위원회 소속 이상직 새정치민주연합 의원이 금융감독원으로부터 받은 '조세회피지역 외국인투자자 현황' 자료에 따르면 4월 현재 해외 조세피난처에 법인을 설립하고 국내에서 외국인투자자로 활동하는 개인 및 법인 투자자는 총 7,626명에 이르는 것으로 집계됐다. 이는 금감원에 등록된 외국인투자자 3만8,437명의 19.8% 수준이다. 국내 증시에 투자하는 해외법인의 경우 외국인투자자로 등록돼 1개의 법인이 1명의 외국인투자자로 분류된다.

조세피난처 가운데 외국인투자자가 가장 많은 지역은 케이맨 제도로 총 2,944명(7.7%)의 외국인투자자가 금감원에 등록돼 있었다. 룩셈부르크가 1,525명(4.0%), 홍콩이 859명(2.2%)으로 뒤를 이었다. 영국령 버진 제도와 버뮤다에 법인을 세운 것으로 파악된 외국인투자자도 각각 748명, 342명에 이르는 것으로 나타났다.

조세피난처에 법인을 둔 외국인투자자가 보유한 국내 상장주식은 4월 기준 총 46조7,000억원으로 전체 외국인투자자 보유액(424조2,000억원)의 11.0%였다. 특히 룩셈부르크(25조1,960억원)와 케이맨 제도(8조6,970억원)에 법인을 세운 외국인투자자들의 투자액이 많았다.

금융당국은 조세피난처에 법인을 세우고 활동하는 외국인투자자의 상당수가 한국인이 외국인으로 위장한 '검은 머리 외국인'인 것으로 추정하고 있다. 조세피난처에 법인을 세우고 한국에서 주식거래를 하면 금융당국에 주식 보유 현황을 보고하지 않아도 되고, 종합소득세 등 각종 납세의무로부터도 자유롭다. 이런 이유로 외국인으로 '위장'하려는 한국인 투자자가 많다는 것이다.

금감원 관계자는 "해외법인은 자본시장법상 외국인으로 분류돼 실제 소유주가 한국인이어도 국내 증시에서 외국인투자자로 활동할 수 있다"며 "지금까지 드러난 검은 머리 외국인투자자들은 모두 피난처에 법인을 세우고 활동하고 있었다"고 말했다.

한국인이 조세피난처에 법인을 세우고 외국인투자자로 국내 증시에 투자하는 것은 불법이 아니다. 문제는 이들이 한국 감독당국의 감시를 받지 않는다는 점을 악용해 주식을 서로 사고팔면서 주가를 올린 뒤 주식을 팔아 차익을 남기는 등 불공정거래를 할 가능성이 높다는 점이다. 이런 이유로 금감원은 이들에 대한 감시를 강화할 계획이라고 밝혔다. 금감원은 조세피난처에 여러 개의 법인을 세우고 이를 이용해 주식시세를 조정하는 등 불공정거래를 할 경우 과징금을 부과하거나 검찰에 고발할 방침이다. 또 국내 주식시장에서 활동하지 못하도록 투자자 자격을 박탈할 계획이다.

출처 : 동아일보, "국내 주식거래 외국인투자자 20%는 '검은 머리 외국인'," 2014.10.15

요 약

기관투자자와 외국인투자자는 기업과 경영진을 감시하는 데 필요한 우월한 정보수집능력과 전문적인 분석력을 지니고, 높은 모니터링 인센티브를 가지며, 높은 지분을 보유하고 있어 기업에 대한 영향력 행사가 가능하다는 점에서 경영진의 기회주의적 행동에 대한 견제기능을 수행하는 데 외부 기업지배구조로서 유리한 위치에 있다.

기관투자자는 기업에 대규모 자본을 투자하고 있기 때문에 모니터링하는 데 발생하는 비용에 비해서 얻게 될 미래 기대 효익이 더 크다. 즉 기관투자자는 높은 보유지분과 규모의 경제로 인해 기업 감시에 필요한 비용이 상대적으로 낮다. 또한 1998년 외환위기 이후 기업지배구조 개선을 위한 정책의 일환으로 기관투자자의 의결권 행사가 가능해졌고, 기관투자자가 외부 기업지배구조로서 역할을 수행할 수 있는 여러 법적·제도적 장치가 마련되었다.

그럼에도 불구하고 기관투자자가 기업과 경영진을 모니터링하거나 기업경영에 관여하는 일은 여전히 매우 드물다. 즉 기관투자자는 과거부터 현재까지 기업과 경영진에 대한 모니터링 활동에 소극적인 입장을 취해 왔다. 우리나라의 경우 기관투자자가 주로 재벌 또는 금융지주회사 계열에 속해 있거나, 투자대상기업과의 재무적인 이해관계를 지니고 있는 경우가 많고, 소극적인 의결권 행사가 가져올 책임의 범위에 대한 규정이 미비하며, 기관투자자의 의결권 행사를 지원할 수 있는 기업 내부 인력, 전문성, 업무프로세스 및 외부전문기관이 부족하다는 점 등이 그 이유로 꼽힌다.

이에 우리나라는 2017년에 스튜어드십 코드를 자본시장에 도입하였다. 이는 기관투자자의 역할이 단순한 주식보유와 의결권 행사에 머무는 것이 아니라, 투자대상기업과의 적극적인 대화과정을 통해 장기적으로 투자대상기업이 지속적인 성장을 할 수 있도록 도움으로써 이를 바탕으로 고객과 수익자의 장기적인 이익을 극대화하는 것을 목적으로 하는 연성규범이다. 스튜어드십 코드는 법적인 강제력은 없지만, 향후 기관투자자에게 적극적인 기업지배구조적인 역할을 수행하도록 하는 유인을 제공할 것으로 기대된다.

우리나라에서 외국인투자자에 대한 투자를 개방한 초기에는 외국인투자자가 자본시장에 미치는 영향력과 효과에 대한 기대는 매우 고무적이었다. 외국인투자자를 통한 기업과 경영진의 모니터링 활동을 통해, 경영진과 외부 주주 간의 정보비대칭성이 감소되고 경영진의 사적이익 추구 현상이 줄어들 것이라는 기대가 자본시장에 형성되었다. 그러나 최근 들어 외국인투자자의 순기능에 대한 회의적인 시각들도 함께 제기되고 있다. 즉 외국인투자자가 단기적인 투자성향을 보이며 단기 시세차익에만 집중하거나, 기업에게 무리한 고배당을 요구하는 등의 문제를 발생시키고 있어 기업의 장기적인 투자활동을 위축시키고 기업의 성장을 방해하고 있다는 비판도 존재한다.

외국인투자자의 기업지배구조로서의 모니터링 기능은 외국인투자자의 성향에 따라 결정된다. 단순히 외국인투자자가 높은 지분율을 보유하고 있는 것이 중요한 것이 아니라, 기업과 동반자적인 투자자로서 장기적 가치를 높이기 위한 목적의 투자라면 모니터링 유인이 큰 반면, 이와 달리 투자기간이 짧고 기업의 장기적인 성과와 기업가치에 관심이 없는 단기적인 시세차익에만 초점을 맞춘 투기의 경우에는 기업지배구조로서의 역할을 기대하기 어렵다.

복습문제

(1) 기관투자자는 누구인가?

(2) 개인투자자와 기관투자자는 경영진을 모니터링하는 데 어떠한 차이를 보이는가?

(3) 단기투자자와 장기투자자는 경영진을 모니터링하는 데 어떠한 차이를 보이는가?

(4) 기관투자자의 주주행동에 대한 상반된 관점은 어떠한 것들이 있는가?

(5) 우리나라의 기관투자자가 의결권 행사에 소극적인 태도를 보이는 데에는 어떠한 이유가 있는가?

(6) 스튜어드십 코드란 무엇인가?

(7) 스튜어드십 코드가 지닌 특징은 무엇인가?

(8) 스튜어드십 코드가 법적인 강제력은 없지만, 기관투자자에게 적극적인 기업지배구조적인 역할을 수행하도록 유인을 제공할 수 있는 까닭은 무엇인가?

(9) 외국인투자자가 가져온 자본시장의 순기능에는 어떠한 것들이 있는가?

(10) 자본시장에서 외국인투자자의 순기능에 대한 회의적인 시각에는 어떠한 것들이 있는가?

(11) 외국인투자자에게 기업지배구조로서의 역할을 기대하기 위해서는 어떠한 부분이 갖춰져야 하겠는가?

토론문제

(1) 기관투자자가 적극적으로 기업경영에 관여해야 하는가? 그렇지 않아야 하는가? 각각의 입장에 대해서 논의해보자.

(2) 기관투자자가 적극적으로 기업경영에 관여하기 위해서는 어떠한 제도적 보완이 필요하다고 생각하는가? 그 이유는 무엇인가?

참고문헌

1 연강흠, 이호영, 손성규(2018), 『기업지배구조의 모든 것』, 클라우드나인.

2 Kim, InJoon, Jiyeon Eppler Kim, WiSaeng Kim, and SukJoon Byun(2010), "Foreign investors and corporate governance in Korea," *Pacific-Basin Finance Journal.*

3 Jeon, Jin Q. and Clay M. Moffett(2010), "Herding by foreign investors and emerging market equity returns : Evidence from Korea," *International Review of Economics & Finance.*

박경서, 이은정(2006), "외국인투자자가 한국기업의 경영 및 지배구조에 미치는 영향," 『금융연구』.

4 He, Wen and Jianfeng Shen(2014), "Do foreign investors improve informational efficiency of stock prices? Evidence from Japan," *Pacific-Basin Finance Journal.*

박헌준, 신현안, 최완수(2004), "한국기업의 대리인비용과 기업가치 : 외국인지분의 역할," 『경영학연구』.

조정일, 변종국(2009), "외국인투자자 지분과 기업가치의 상호 관련성," 『국제경영연구』.

강신애, 민상기, 설원식(2009), "외국인투자자의 대량지분 취득과 처분공시에 따른 시장반응과 기업가치," 『무역학회지』.

5 백미경, 문상혁(2010), "투자의사결정 시 외국인투자자는 감사품질을 고려하는가?" 『국제회계연구』.

6 김문태(2004), "외국인의 지분참여가 이익관리의 크기와 방향에 미치는 영향," 『회계정보연구』.

김성혜, 이아영, 전성빈(2012), "외국인 투자자의 특성과 실제이익조정 – 외국인대주주의 역할을 중심으로," 『회계학연구』.

최순재, 김영길(2013), "외국인투자자의 지분율에 따른 실물활동 이익조정과 가치평가 오류현상," 『회계학연구』.

7 김상일, 곽지영(2013), "외국인투자자의 장 · 단기 투자성향에 따른 회계적 이익조정," 『회계정보연구』.

고윤성, 서영미(2014), "외국인투자자의 모니터링 기능에 대한 재고 – 외국인투자자 투자회전율과 조세회피 성향의 관련성 –," 『세무학연구』.

8 설원식, 김수정(2006), "외국인투자자가 기업의 배당에 미치는 영향," 『한국증권학회지』.

제 7 장

채권자, 금융기관을 통한 대리인 문제 해결

본장에서는 다음과 같은 내용을 다룬다.

- 금융시장 중심형 지배구조 시스템
- 채권자, 금융기관에 의한 모니터링
- 채권자, 금융기관의 모니터링에 대한 비판

금융시장 중심형 지배구조 시스템

본장에서는 대리인 문제 해결을 위한 기업지배구조 측면에서 채권자, 금융기관을 통한 모니터링을 검토한다. 본서는 전장까지 주로 기업지배구조가 주주의 이익을 위해서 경영자가 일하도록 하는 통제장치로서의 기능을 강조해왔다. 그러나 기업과 이해관계가 얽혀 있는 투자자는 단지 주주에 국한되어 있는 것은 아니다. 채권자 역시 기업에게 돈을 빌려준 자로 기업의 이익에 대해 항상 관심을 갖게 되며, 이자와 원금을 보전받기 위해서 기업을 모니터링해야 할

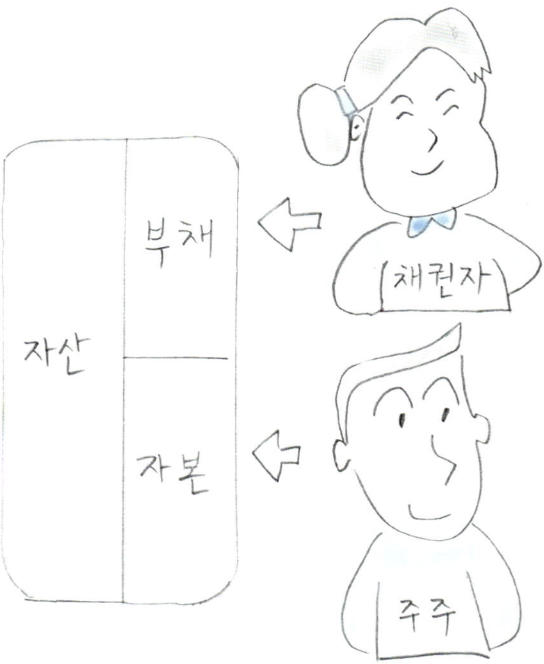

[그림 7.1] 투자자의 범위

유인을 지니게 된다. 우리나라의 경우 1997년 외환위기를 거쳐 오면서 자기자본에 의한 통제와 함께 금융기관의 통제의 필요성도 함께 강조되어 왔다. 기업지배구조에 대한 논의에 있어서 채권자, 금융기관의 외부통제기능 또한 매우 중요한 부분이다.

기업지배구조 시스템에 대한 유형은 크게 영국과 미국을 중심으로 발전해 온 자본시장 중심형 지배구조 시스템과 독일과 일본을 중심으로 발전해 온 금융기관 중심형 지배구조 시스템이 있다. 본서는 전장까지 자본시장 중심형 지배구조 시스템에 중점을 두고 논의해 왔으나, 본장에서는 금융기관 중심형 지배구조 시스템에 대해서 논의하고자 한다.

자본시장 중심형 지배구조 시스템market-based corporate governance system은 주식시장참여자의 견제나 기업인수합병M&A과 같은 자본시장의 감시통제장치에 의존하는 유형의 시스템이다. 영국과 미국 같이 경제의 유동성과 규모가 비교적 크고 회계정보의 투명성이 확보되며 투자자를 보호할 수 있는 법적·제도적 장치가 고도로 발달된 자본시장에 보다 적합한 시스템이다.

금융기관 중심형 지배구조 시스템bank-based corporate governance system은 금융기관이 기업과 지속적이고 안정적인 관계를 장기적으로 유지하는 가운데 감시와 통제의 기능을 수행하는 유형의 시스템이다. 독일과 일본 같이 자본시장참여자의 적극적인 견제역할이 비교적 약하고 기업인수합병M&A을 통한 기업경영에 대한 통제활동이 발생하기 어려운 자본시장에 보다 적합한 시스템이다. 이 경우 회계정보와 투자자 보호장치의 중요성은 상대적으로 높지 않다.

우리나라는 자본시장 중심형 지배구조와 금융기관 중심형 지배구조가 서로 혼재되어 형성된 유형이라 볼 수 있다. 즉 어느 한 방향의

〈표 7.1〉 자본시장 중심형 지배구조 시스템과 금융기관 중심형 지배구조 시스템의 차이

	자본시장 중심형 지배구조 시스템	금융기관 중심형 지배구조 시스템
대표적인 국가	미국, 영국	독일, 일본
통제방법	시장참여자의 견제와 기업인수합병(M&A) 등에 의한 통제	금융기관에 의한 통제
회계정보와 법적·제도적 장치의 역할	회계정보의 투명성과 투자자 보호장치가 중요한 기반이 됨	회계정보와 투자자 보호장치의 중요성이 상대적으로 높지 않음

시스템으로 완전히 치우치지 않고 두 유형의 지배구조를 서로 받아들이며 자본주의를 유지·발전시켜 가고 있다.[1]

채권자, 금융기관에 의한 모니터링

자본시장에서 금융거래가 발생했다는 그 자체가 대리인 문제를 해결하는 기능을 수행한다고 할 수 있다. 금융기관은 기업에게 대규모 자금을 공급하게 되므로 자연스럽게 기업에 대한 감시와 통제를 수행할 유인을 지니게 된다. 즉 금융기관은 대출해 준 원금과 이자를 보전받기 위해서 기업 경영진을 모니터링해야 할 유인을 갖게 된다. 또한 경영진의 입장에서도 이자 지급을 위한 노력을 기울여야 할 확정된 의무가 발생하게 된다. 만약 경영진이 정해진 이자비용을 금융기관에게 제때에 지급하지 못할 경우, 금융기관은 법원을 통해 기업을 부도처리할 수 있고, 경영진은 기업에 대한 통제권을 금융기관에

게 모두 빼앗길 수 있다. 따라서 금융거래가 발생했다는 그 자체가 금융기관에게 기업 경영진에 대한 감시와 통제의 유인을 제공하고, 동시에 기업 경영자에게 이자 지급에 대한 확정된 의무를 부여함으로써 경영진에게 노력을 유발시키고 과도한 소비를 감소시키는 유인으로 작용하게 된다.

금융기관에 의한 모니터링이 가지는 가장 큰 장점은 감시주체가 소수이며, 기업과 지속적이고 안정적인 관계를 통해서 통제가 이루어진다는 점이다. 금융기관의 통제는 모니터링 주체의 중복이나 무임승차 문제free-rider problem에서 보다 자유로울 수 있다.[2] 기업은 복

[그림 7.2] 금융거래 발생과 대리인 문제

〈표 7.2〉 금융거래 발생과 대리인 문제

	대리인 문제 해결 기능
금융기관	대규모 자금을 공급하게 되므로 금융기관에게 기업에 대한 감시와 통제를 수행할 유인을 제공함
기업(경영자)	경영자에게 이자 지급에 대한 확정된 의무를 부여함으로써 경영진에게 노력을 유발시키고 과도한 소비를 감소시키는 유인을 제공함

수의 금융기관이 아닌 하나의 금융기관과의 지속적이고 안정적인 금융거래를 유지하기를 원한다. 기업이 하나의 금융기관과의 장기간 거래를 원하는 가장 큰 이유는 차입금에 대한 낮은 이자율을 적용받고, 유리한 대출계약조건covenants을 가져오기 위해서이다. 따라서 금융기관은 기업과의 장기간 신뢰관계를 유지하면서 기업을 모니터링할 수 있는 유리한 위치에 있다. 금융기관은 대출해 준 기업의 의사결정과정에 조언 및 의견을 제시하거나, 이사회 구성원 중에 금융기관에서 추천한 사람을 포함시키는 방법 등을 통해서 보다 적극적인 모니터링을 수행할 수 있다.

금융기관의 모니터링은 대리인 문제 해결에 보다 효과적인 방법일 수 있다.

첫째, 금융기관은 대출계약조건을 이용하거나, 대출금 조기 회수 요청이나 추가대출 거부, 파산과정 개입과 같은 다양하고 막강한 형태의 견제수단들을 지니고 있어 기업 경영진을 모니터링하는 데 매우 효과적일 수 있다.

둘째, 금융기관은 기업과 관련된 양질의 정보를 보유하고 있어 기업 경영진을 모니터링하는 데 매우 효과적일 수 있다. 기업은 경영에 필요한 대규모 자금을 금융기관으로부터 빌려오는 과정에서 기업과 관련된 많은 사적 정보를 제공한다. 기업은 가능한 한 낮은 이자율을 통해 자금을 차입해야 하므로, 낮은 이자율을 얻기 위해서 자신의 사업안의 가치를 증명하기 위해 매우 많은 사적 정보를 금융기관에 노출시킨다.

사례 7.1 금융기관의 모니터링

우리은행이 허위 재무자료를 통해 약 350억원의 대출 사기를 시도한 업체를 적발했다.

18일 금융권에 따르면 우리은행은 A업체가 지난해 9월 26일 시설자금대출을 받는 과정에서 제출한 자료가 허위라는 점을 확인하고 금융당국에 신고했다. 대출 사기가 발생한 금액은 356억원 규모다.

시설자금대출은 기업의 공장 및 설비 확충을 위해 소요되는 자금을 지원하는 것으로, 은행들은 대출 관리를 위해 정기적으로 재무제표 등을 받아 대출 모니터링을 한다. 예를 들어 건설사가 건물을 지을 때 서류 등을 확인한 뒤 건축 정도에 따라 대출금액이 분할돼 나가는 형태다.

우리은행은 지난해 9월 A업체에 대출을 한 이후 여신감리팀을 통해 대출 모니터링 및 관리를 해왔다. 이 과정에서 분기별 재무자료를 받게 됐고 특이점이 발견돼 최근 외부 회계사를 통해 실사를 진행했다. 실사 결과 제출한 자료가 허위임이 밝혀지면서 우리은행은 곧바로 금융당국에 신고했다.

우리은행이 지난 17일 해당 대출사기에 관한 공시를 진행하자 A업체가 대출금 전액을 상환하면서 우리은행은 사실상 피해를 입지 않았지만 10억원 이상의 금융사고는 공시하도록 하는 은행법에 따라 금융사고 발생 공시를 했다.

우리은행 관계자는 "해당 업체가 재무제표를 조작해 대출을 받았지만 대출 이후에도 감리를 진행했고 실사 등을 통해 허위사실을 발견했다"고 말했다.

출처 : 뉴스웨이, "우리은행, 기업대출 모니터링으로 356억 대출사기 적발," 2018.7.18

채권자, 금융기관의 모니터링에 대한 비판

1997년 외환위기 이전에 우리나라 기업들의 금융기관 차입금 비중이 매우 높았음에도 불구하고, 금융기관들은 기업 모니터링에 결코 적극적이지 않았다. 즉 채권자, 금융기관이 기업 경영의 감시자로 적극적인 개입을 했던 사례는 매우 드물었다.

결국 1997년 외환위기가 도래하고 기아, 대우와 같은 대기업과 수많은 중소기업들의 도산이 발생했다. 이 시기 기업들의 도산과 함께 금융기관 역시 상당수가 퇴출 또는 합병되는 수순을 밟았다. 이 과정에서 대다수의 금융기관들에 정부의 막대한 공적자금이 투입되었고, 금융기관의 수가 2/3 이상 감소되었으며, 기업대출비중도 큰 폭으로 감소되었다.

1997년 외환위기는 기업의 책임으로만 보기에는 어려움이 있다. 우리나라 기업 경영이 외환위기를 불러올 만큼 부실해진 데에는 금융기관이 적절한 모니터링을 수행하지 못했기 때문이라는 날선 비판이 존재한다. 금융기관은 기업을 모니터링하는 데 다양하고 막강한 견제수단과 양질의 정보를 가지고 있었음에도 불구하고 기업 감시에는 적극적인 입장을 취하지 못하였다.

금융기관이 경영 감시자로 적극적인 행동을 하지 못했던 이유는 다음과 같다.

첫째, 금융기관이 경영 감시자로서 행동하기보다 경영진과 동조하는 입장을 취하고 있다는 비판이 존재한다. 즉 금융기관이 기업과 장기간 지속적이고 안정적인 관계를 유지해가는 과정 속에서 경영진의 감시자로서의 독립성은 훼손되고 경영진의 동조자로 변해갔다는 것이다. 즉 금융기관과 경영진 간의 암묵적 담합이 발생했고, 주가나 경영성과를 높이기 위한 조치나 저조한 성과를 보이는 경영진의 교체를 위한 의사결정에는 적극적으로 나서지 않았다는 것이다. 이러한 사례는 일본과 독일에서 많이 관찰되고 있다.[3]

둘째, 금융기관의 대출이 담보를 중심으로 하거나 로비와 정치력에 의해 이루어지는 관행 때문에 금융기관이 모니터링에 적극적이지 않다는 비판이 존재한다. 금융기관이 전문적인 대출심사와 리스크관리, 부실채권 관리에 자신의 역량을 집중하고 대출 이후 모니터링에 적극적이기보다는, 담보에만 의존하고 로비와 정치력에 의해서 기업 대출을 해줌으로써 모니터링에 대한 유인이 크지 않다는 것이다. 즉 이러한 금융기관의 안이하고 소극적인 대출관행은 기업의 감시자로서의 역할을 크게 감소시킨다는 것이다.

셋째, 채권자의 권리는 주주의 권리에 비해 우선권seniority을 지니기 때문에 금융기관이 모니터링에 적극적이지 않다는 비판이 존재한다. 채권자에 대한 법적 보호는 주주의 법적 보호보다 명확하고 구체적이다. 이에 따라 채권자는 법의 적극적인 보호를 받을 수 있다. 이것은 채권, 채무가 특성상 채무자의 의무와 계약조건을 보다 명확하게 규정할 수 있다는 점에서 기인한다. 또한 채무불이행이 발생하는 상황을 증명할 수 있는 계약조건을 가지고 있고, 담보나 자산 등의 압류가 가능하며, 파산절차의 이행과 같은 법률적 행위의 집행이 보다 용이하다는 점도 그 원인이 있다. 채권자는 주주에 비해 법적 보호를 받으며 자산과 이익에 대한 우선변제를 받을 권리가 있으므로 주주보다 경영진을 감시하는 데 적극적이지 않다는 것이다.

본장에서 채권자 역시 주주와 같은 투자자로 간주하여 주주의 입장처럼 경영진을 모니터링할 수 있는 주체가 될 수 있음을 언급하였지만, 주주와 채권자는 권리뿐만 아니라 목적에 있어서도 엄연히 다르다. 주주는 경영진이 최대한의 노력을 기울여 기업의 수익 창출이 극대화되기를 원하는 반면, 채권자는 단지 원금과 이자만 보전받을 정도로 기업의 수익 창출만 이루어지면 그만이다. 따라서 주주는 수익률과 위험이 높은 사업안을 선호하는 반면, 채권자는 수익률과 위험이 낮은 사업안을 선호하게 된다.

즉 주주와 채권자의 목적과 권리가 서로 다르므로, 대리인 문제에 있어서 채권자에게 주주와 같은 입장에서의 적극적인 감시활동을 기대하기에는 한계가 있다. 따라서 금융기관들이 기업의 모니터링에 보다 적극적인 관여를 하려 하지 않을 수 있다.

사례 7.2 외환위기 이후 기업의 차입금 비중의 변화

"그때야 기업들이 은행에서 돈 빌리기 쉬운 시절이었죠. 부채비율이 800%, 1,000%가 돼도 돈이 나왔어요. 그런데 지금은 꿈도 못 꿉니다."

1996년 신입사원으로 재무팀에서 일했던 한 대기업 임원은 외환위기가 기업들의 재무지표를 '온정주의'에서 '안전주의'로 바꿨다고 회상했다. 이전까지만 해도 느슨했던 부채비율 관리가 외환위기 사태를 겪으며 엄격해졌다는 것이다. 그는 "정부와 투자자들을 비롯해 기업 내부에서도 감시하는 눈이 많아졌고 그만큼 재무건전성과 투명도가 높아졌다"고 말했다.

환란의 경험이 뼈아팠던 만큼 지난 20년간 기업들은 변했다. 이전까지 외형 키우기를 '최고 미덕'으로 여겼던 기업들은 일제히 수익성 강화와 재무건전성 확보에 집중했다. 그 결과 우리 기업의 부채비율 등 자산건전성 지표는 몰라보게 개선됐다. 한국은행이 최근 발표한 '기업경영분석'을 보면 기업들의 매출액 증가율, 매출액 영업이익률, 부채비율이 모두 개선된 것으로 나타났다. 자산 및 리스크 관리가 엄격해지고 이를 감시하는 주주들의 목소리 또한 높아진 것은 외환위기가 남긴 유산이라 할 수 있다.

출처 : 경향비즈, "외환위기 20년, 끝나지 않은 고통," 2017.11.15

요 약

자본시장에서 금융거래가 발생했다는 그 자체가 대리인 문제를 해결하는 기능을 수행한다고 할 수 있다. 금융기관은 기업에게 대규모 자금을 공급하게 되므로 자연스럽게 기업에 대한 감시와 통제를 수행할 유인을 지닌다. 또한 금융거래의 발생은 경영진에게 이자 지급을 위한 노력을 기울여야 한다는 확정된 의무를 부여한다. 따라서 금융거래가 발생했다는 그 자체가 금융기관에게 기업 경영진에 대한 감시와 통제의 유인을 제공하고, 동시에 기업 경영자에게 이자 지급에 대한 확정된 의무를 부여함으로써 경영진에게 노력을 유발시키고 과도한 소비를 감소시키는 유인으로 작용하게 된다.

금융기관에 의한 모니터링이 갖는 가장 큰 장점은 감시주체가 소수이며, 기업과 지속적이고 안정적인 관계를 통한 통제가 이루어진다는 점이다. 금융기관은 대출계약조건을 이용하거나, 대출금 조기 회수요청이나 추가대출 거부, 파산과정 개입과 같은 다양하고 막강한 형태의 견제수단들을 지니고 있고, 기업과 관련된 양질의 정보를 보유하고 있어 기업 경영진을 모니터링하는 데 매우 유리한 위치에 있다.

그러나 1997년 외환위기 이전에 우리나라 기업들의 금융기관 차입금 비중이 매우 높았음에도 불구하고, 금융기관들은 기업 모니터링에 결코 적극적이지 않았다. 즉 채권자, 금융기관이 기업 경영의 감시자로 적극적인 개입을 했던 사례는 매우 드물었다.

채권자를 주주와 같은 투자자로 경영진을 모니터링할 수 있는 하나의 주체로 간주할 수 있지만, 주주와 채권자는 권리와 목적에 있어서 엄연히 다른 입장을 취한다. 채권자는 주주에 비해 법적 보호를 받으며 자산과 이익에 대한 우선변제를 받을 권리가 있으므로 주주보다 경영진을 감시하는 데 적극적이지 않을 수 있다. 또한 주주는 경영진이 최대한의 노력을 기울여 기업의 수익 창출이 극대화되기를 원하는 반면, 채권자는 단지 원금과 이자만 보전받을 정도로 기업의 수익 창출만 이루어지면 그만이다. 즉 주주와 채권자의 목적과 권리가 서로 다르므로, 대리인 문제에 있어서 채권자에게 주주와 같은 입장에서의 적극적인 감시활동을 기대하기에는 어려움이 있다. 따라서 금융기관들이 기업의 모니터링에 적극적인 관여를 하려 하지 않을 수 있다.

복습문제

(1) 자본시장 중심형 지배구조 시스템과 금융기관 중심형 지배구조 시스템의 차이는 무엇인가?

(2) 자본시장에서 금융거래가 발생했다는 그 자체가 어떻게 대리인 문제를 해결하는 기능을 수행할 수 있는가?

(3) 금융기관에 의한 모니터링이 가지는 가장 큰 장점은 무엇인가?

(4) 기업이 복수가 아닌 하나의 금융기관과의 장기간 거래를 원하는 이유는 무엇인가?

(5) 금융기관의 모니터링이 대리인 문제 해결에 보다 효과적인 방법이 될 수 있는 이유는 무엇인가?

(6) 외환위기 이전에 금융기관들의 차입금 비중이 높았음에도 불구하고 기업의 모니터링에 적극성을 보이지 않았던 이유는 무엇인가?

(7) 외환위기 이전에 금융기관의 대출 관행에는 어떠한 문제점이 있었는가?

(8) 채권자의 권리와 주주의 권리는 어떠한 차이점을 보이는가?

(9) 채권자의 목적과 주주의 목적은 어떠한 차이점을 보이는가?

토론문제

(1) 외환위기의 책임은 기업만의 잘못이 아니라 금융기관에도 상당부분 책임이 있다는 주장이 있다. 이와 같은 주장이 발생한 이유에 대해 논의해보자.

(2) 기업의 자본조달방법에는 주식을 발행하는 방법과 부채를 조달하는 방법이 있다. 각각의 장점과 단점에는 무엇이 있을 수 있는지 논의해보자.

(3) 금융기관이 채권자인 동시에 주식에 투자하여 주주가 되는 경우에 어떠한 장점과 단점이 발생할 수 있는지 논의해보자.

참고문헌

1 한국금융연구원(2003), 『기업 지배구조와 금융기관의 역할』.

2 Diamond, Douglas W.(1984), "Financial Intermediation and Delegated Monitoring," *Review of Economics Studies*.

3 Macey, Jonathan R. and Geoffrey P. Miller(1997), "UNIVERSAL BANKS ARE NOT THE ANSWER TO AMERICA'S CORPORATE GOVERNANCE "PROBLEM: A LOOK AT GERMANY, JAPAN, AND THE U.S.," *Journal of Applied Corporate Finance Banner*.

제 8 장

주주의 적극적인 행동을 통한 대리인 문제 해결

본장에서는 다음과 같은 내용을 다룬다.

- 주주행동주의
- 주주총회
- 주주소송

주주행동주의

본장에서는 대리인 문제 해결을 위해서 주주가 적극적으로 기업경영의 감시자로서의 행동에 나서는 주주행동주의에 대해 논의한다. 즉 주주가 경영진의 사적 이익추구를 감시하고 기업지배구조 개선을 위해서 적극적인 행동을 취할 수 있는 방법들에 대해 검토한다. 본서는 전장까지 기업을 둘러싼 내부 및 외부 여러 주체들을 통한 대리인 문제 해결 방안들을 검토해왔다. 내부 및 외부의 기업지배구

[그림 8.1] 주주행동주의

조 장치들이 제 역할을 수행하여 주주의 이익을 보호하는 것은 매우 중요하다. 그러나 경영진의 도덕적 해이로 인해 경영이 부실화되고 기업가치 및 주식가격 하락이 발생했을 때 가장 직접적이고 큰 피해를 보는 당사자는 바로 주주이다. 따라서 주주가 직접 기업경영의 감시자로서 적극적인 행동에 나서는 방법도 함께 고려할 필요가 있다.

주주행동주의shareholder activism란 주주가 기업경영 및 의사결정과정에 적극적인 영향력을 행사하여 주주의 이익을 추구하는 행동을 의미한다. 과거 주주가 배당금수익과 시세차익에만 안주하던 모습에서 벗어나 기업지배구조 개선, 구조조정 등 폭넓게 기업경영에 적극적으로 관여하여 주주이익 극대화를 위해 힘쓰는 것이다.

주주의 이익에 반하는 행동을 한 경영진을 견제하기 위하여 주주가 취할 수 있는 적극적인 행동은 주주총회에 참석하고, 의제와 의안을 제출하며, 위임장 대결을 하고, 투표를 하는 것이다. 즉 주주들은 주주총회에 참석하여 주주의 이익에 반하는 행동을 하는 이사들을 해임하기 위한 투표를 하거나, 기업의 운영방법을 변화시키기 위해 주주총회에 의제와 의안을 제안하거나, 위임장을 모아 표 대결을 하는 방법 등을 취할 수 있다. 그리고 다른 방법으로 법을 이용하여 기업가치를 훼손시킨 경영진을 상대로 한 소송을 제기할 수 있다.

그러나 현실적으로 주주가 기업지배구조에 영향을 미치기란 결코 쉬운 일이 아니다. 첫째, 감시활동에는 막대한 비용이 발생하기 때문이다. 소액투자자가 모니터링을 통해서 얻게 되는 효익(자신이 보유한 증권의 가치 상승)이 모니터링으로 발생하는 비용에 비해 매우 작다. 따라서 큰 규모의 지분을 보유한 대주주의 경우에만 주주행동주의에 적극적일 수 있다. 둘째, 경영진 및 이사회에게 보다 유리하

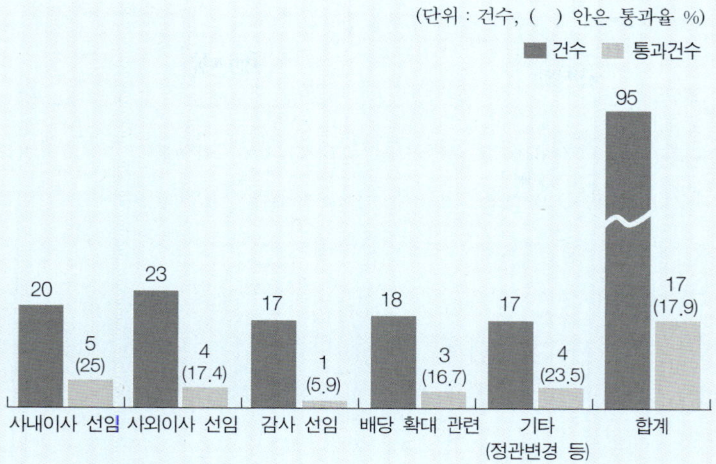

자료 : 금융감독원 전자공시시스템

출처 : 머니투데이, "주주제안 82% 부결… 소리만 요란했던 '주주 행동주의'," 2019.4.2

[그림 8.2] 주주제안 안건의 유형별 통과현황

게 되어 있는 법과 제도는 주주행동주의가 성공하기 어렵게 한다. 일례로 주주총회에서 특정이사를 해임하기를 원하는 소액주주와 유임시키기를 원하는 경영진 간의 위임장 대결proxy fight이 있다고 하자. 경영진은 관련 이사를 유임시키기 위해 주주들을 대상으로 기업의 인적 · 물적자원을 이용하여 설득에 나설 것이다. 그러나 소액주주들은 관련 이사해임을 위해서 주주들을 설득하는 과정에 자신의 시간과 비용을 소모해야 한다. 따라서 소액주주가 자신의 막대한 시간과 비용을 들여가면서 위임장 대결에 나서기란 결코 쉬운 일이 아니다.

주주총회

주주총회

주주가 기업지배구조에 영향을 미칠 수 있는 방법은 주주총회에 참석하고, 의제와 의안을 제안하거나, 위임장 대결을 하거나, 투표를 하는 것이다. 즉 주주들은 주주총회에 참석하여 주주의 이익에 반하는 행동을 하는 이사들을 해임하기 위한 투표를 하거나, 기업의 운영방법을 변화시키기 위해 주주총회에 의제와 의안을 제안하거나, 위임장을 모아 표 대결을 하는 방법을 취할 수 있다.

주주총회란 주식회사의 주주들이 모여 기업의 주요한 사안들을 결정하는 의사결정기관이다. 주주총회는 매년 결산기마다 정기적으로 개최하는 정기총회와, 주주총회의 결의가 필요한 경우 수시로 개최하는 임시총회가 있다. 정기총회는 배당금 규모에 대한 결의, 재무제표의 확정, 이사의 선임 및 보수 한도 승인 등을 목적으로 소집된다.

주주총회의 결의는 다수결의 원칙을 준수하며, 주주의 의결권에 의해서 결정된다. 의결권이란 주주가 주주총회에서 이루어지는 기업의 의사결정과정에 본인이 보유한 지분을 통해서 참여할 수 있는 권리를 의미한다. 의결권은 1주당 1개가 주어진다(상법 제369조, 제575조). 의결권은 대리인을 통해서도 행사가능하며, 이 경우 대리권을 증명할 수 있는 서류를 주주총회에 제출하여야 한다(상법 제368조 제3항, 제578조).

결의방법에는 보통결의와 특별결의가 있다. 보통결의는 과반수 출석, 출석주주의 과반수 찬성으로 한다. 보통결의 사항으로는 재무제표승인, 이사 및 감사 선임, 이사의 보수 한도 승인, 주식배당 등이 해당된다. 특별결의는 과반수 출석, 출석주주의 3분의 2 이상의 찬성으로 한다. 특별결의 사항으로는 정관 변경, 감자(자본규모 감소), 기업의 해산과 합병, 이사 및 감사 해임 등이 해당된다. 즉 보통결의에 비해 특별결의가 기업의 중대 사안들에 대한 의사결정이 보다 필요할 경우의 결의방법이다.

주주총회의 소집은 법이 정한 절차에 따라 진행된다. 주주총회의 일시 및 장소, 의안 등에 대한 결정은 이사회의 결의를 받아서 최고경영자가 정한다(상법 제362조).

주주제안

주주의 경영진 감시 및 적극적인 경영참여 방법 중의 하나가 주주제안이다. 즉 주주가 기업경영에 영향을 미치기 위해서 주총에서 다루어졌으면 하는 의제와 의안을 직접 제출하는 것이다. 주주총회 개최 6주 전까지 제안서를 기업에 제출하면 된다. 우리나라 상장기업의 경우 주주가 제안을 하기 위해서는 발행주식총수의 100분의 3 이상의 지분을 6개월 이상 보유하여야 한다(상법 제363조의2 제1항). 주주가 자신의 이익을 위해 배당확대를 요구하거나, 자신의 이익을 대변할 수 있는 이사나 감사의 선임을 제안할 수 있다.

사례 8.1 배당확대를 위한 주주제안

주주행동주의가 최근 우리 자본시장에 '핫이슈'로 부상하면서 높은 배당수익을 기대할 수 있는 종목이 수혜를 입을 것으로 전망된다. 특히 배당여력을 갖추고 있으면서도 그동안 주주친화정책에 비교적 소홀했던 기업이 향후 경영정책 변화를 기대할 수 있다는 점에서 투자수요가 커질 것이란 분석이다.

8일 관련업계에 따르면 국민연금이 한진그룹에 이어 남양유업에 배당 관련 위원회를 설치하는 내용의 주주제안을 하기로 결정하면서 스튜어드십 코드 활성화에 대한 시장의 기대감이 높아지고 있다.

국민연금이 지난달 공개한 국민연금기금 국내주식 수탁자 책임 활동 가이드라인에는 국민연금이 일정지분을 투자한 기업 중 배당정책 등으로 기업가치 훼손, 주주권익 침해 여부 등을 기준으로 중점관리 대상 기업을 선정한다는 내용이 담겼다. 중점관리 선정 기업이 대화를 통해서 개선될 여지가 없다고 판단될 경우 주주제안 등으로 주주권을 행사하겠다는 방침이다.

이에 따라 앞으로 배당성향 확대가 가능할 것으로 기대되는 기업에 대한 관심이 커지고 있다. 특히 국민연금 수탁자 책임 활동 가이드라인을 통해 주주친화정책 확대가 예상되는 기업을 찾기 위한 전문가들의 노력도 병행되고 있다.

이상헌 하이투자연구원은 이와 관련된 대표 기업으로 한진칼, 대한항공, 한진, 대림산업, 현대그린푸드를 꼽았다. 이 연구원은 "한진칼, 대한항공은 사주 갑질 등 사회적 물의를 일으킨 기업으로 기업가치 훼손 내지 주주권익 침해 우려 등 사유로 향후 지배구조 개선 가능성이 높아질 수 있다"며 "배당 관련 정책 등으로 중점관리 대상 기업 선정 가능성이 있는 대림산업, 현대그린푸드 등이 주목된다"고 분석했다.

공원배 KB증권 연구원은 국민연금의 배당 관련 주주활동으로 배당성향이 확대될 가능성이 높은 종목으로 신세계, DB하이텍, 현대백화점, NAVER, 이마트, 사조산업 등을 선정했다. 이 기업들은 국민연금의 지분율이 5% 이상이고, 순이익 대비 30% 이상의 순현금흐름을 보유한 데다 3년 평균 배당성향이 10% 이하라는 공통점이 있다는 설명이다.

스튜어드십 코드 활성화는 주요 기업의 지배구조 개편과 주주환원정책 확대로 이어지면서 우리 증시에서 배당주에 대한 기대감을 높이는 요인으로 작용할 것이란 전망이다. 또 최근 글로벌 경제 성장 둔화 우려 등 증시 불확실성이 커지는 환경에서 비교적 안정적인 수익을 추구할 수 있는 배당주의 투자매력이 더욱 높아질 수 있다는 분석도 나온다.

이에 따라 배당주펀드에 대한 투자자의 관심이 커질 경우 주요 배당주에 대한 수급에도 긍정적인 영향을 미칠 수 있다는 점도 고려할 대목이다.

우선 주주행동주의 본격화에 따라 우리 증시에서 배당 증가 및 주주환원 요구 확대가 나타날 경우 지주회사의 현금흐름 체력이 향상되며 배당 매력이 부각될 것이란 평가다.

오진원 하나금융투자 연구원은 "주주환원정책 확대 분위기에 힘입어 지주회사는 안정적인 현금흐름에 기반한 고 배당주로 변모하는 초입에 들어섰다고 판단한다"며 관련 기업으로 두산, 현대중공업지주, SK, 삼성물산 등을 관련 기업으로 꼽았다. 특히 지난해 지주회사로 전환한 효성은 올해 배당수익률이 8.3%를 상회할 것이라며 코스피에서 압도적인 배당수익률을 자랑한다고 강조했다.

이 외에 우리 증시에서 4% 이상의 배당수익률을 기대할 수 있는 대표 배당주로 SK이노베이션, S-Oil, 쌍용양회, 코웨이, KB금융, 하나금융지주, 대신증권, 오렌지라이프 등이 꼽힌다.

증권업계 관계자는 "스튜어드십 코드는 주주이익 확대를 위한 제도인 만큼 활성화될 경우 배당주, 배당주펀드에 대한 투자수요가 커질 수 있다"며 "그동안 우리 증시에선 비교적 역동성이 떨어지는 배당주에 대한 관심이 그다지 크지 않았는데, 주주행동주의 이슈가 확대될수록 중요한 투자대상으로 부각될 수 있을 것"이라고 말했다.

출처 : 머니투데이, "주주행동주의 시대, 배당주가 뜬다," 2019.2.8

위임장 대결

주주가 주주총회에서 불성실하고 무능한 이사를 교체하기 위해서 또는 주주가 제안한 의제와 의안이 통과하기 위해서는 위임장 대결을 해야 할 수도 있다. 위임장 대결proxy fight은 주주총회에서 경영진과 주주 간에 이견이 발생할 때, 다른 주주로부터 의결권 행사 위임장을 확보하여 자신의 주장을 관철하기 위한 표 대결을 벌이는 것이다. 이사의 교체를 원하는 주주들과 이를 반대하는 경영진 간의 위임장 대결이 발생한다.

개별 주주와 경영진 간의 이사 교체와 관련된 위임장 대결에서 개별 주주가 승리하기란 결코 쉬운 일이 아니다. 그 이유는 개별 주주가 다른 주주들과 소통하는 것은 매우 어렵고 비용이 많이 발생하기 때문이다. 반면 경영진은 보통 관련 이사와 유대관계를 지니고 있어, 기업의 인적 · 물적자원을 이용하여 다른 주주들을 설득해 나갈 것이다. 경영진이 주주제안서 반대를 위한 로비활동을 벌이는 데 기업의 인적 · 물적자원을 사용할 수 있는 데 반해, 개별 주주들은 다른 주주들을 설득하는 과정에 자신의 시간과 비용을 소모해야 한다. 따라서 소액주주가 자신의 막대한 시간과 비용을 들여가면서 위임장 대결에 나서기란 결코 쉬운 일이 아니다.

사례 8.2 이사 교체를 위한 위임장 대결

270억원대 횡령 · 배임과 약사법 위반 등의 혐의로 기소돼 재판중인 조양호 한진그룹 회장의 대한항공 사내이사 재선임을 막기 위해 국민연금이 '위임장 대결'(proxy fight)에 나서야 한다는 주장이 제기됐다.

위임장 대결은 주주들의 의결권을 위임받아 주주총회에서 표 대결을 벌이는 것을 말하며, 경영참여 주주권 행사로 분류된다. 국민연금 최고의사결정기구인 기금운용위원회가 대한항공에 대한 경영참여 주주권을 행사하지 않기로 결정한 터라, 위임장 대결 추진이 쉽지 않을 것이라는 전망이 제기된다.

기금운용위 산하 수탁자책임전문위원회의 주주권 행사 분과위원인 이상훈 서울사회복지공익법센터장(변호사 · 민주노총 추천)은 7일 "(국민연금이) 3년 내내 (조 회장 이사 연임) 반대 의결권을 행사했지만 결국 안 됐다. 핵심은 앉아서 표를 행사하는 게 아니라 반대 표시하는 주주들로 하여금 적극적인 표를 모아 그 의사를 관철하는 게 중요한 것"이라고 밝혔다.

이 센터장은 우선 조 회장이 이사 연임에 나설지를 확인한 뒤 위임장 대결을 추진하기 위한 행동에 나설 것으로 보인다. 이 센터장은 "(주주총회에 오를) 안건 공시는 3월로 예상하고 있다"며 "(안건 공시 이후에 가능한) 본격적인 권유행위는 아니더라도, 다른 가능한 게 뭐가 있을지 생각중"이라고 전했다. 대한항공 주주총회는 3월말 열릴 예정이다.

대한항공 주주총회에서 국민연금의 표만으로는 조 회장의 이사 연임 반대 정족수를 채울 수 없다. 대한항공 이사 연임은 정관상 주주총회 참석자의 3분의 2 이상 찬성을 얻어야 한다. 따라서 이사 연임을 막으려면 3분의 1 이상 반대표를 모으면 된다. 국민연금은 대한항공 지분 11.56%를 가진 2대 주주다. 주주총회 참석률을 70%로 본다면 국민연금은 11.6%의 추가 지분을 확보해야 한다.

앞서 수탁자 전문위 위원들은 지난달 30일 조 회장의 이사 연임을 반대하기로 공감대를 형성했다. 하지만 이를 공식화하지는 않기로 했는데, 조 회장이 연임 의지가 있는지, 없는지도 모르는 상황에서 의견을 내는 게 위법 소지가 있다고 판단했다.

또 지난 1일 기금운용위는 한진칼에 대해 정관 변경 등 경영참여 주주권을 행사하기로 했지만, 대한항공에 대해서는 10%룰(경영참여 주주권 행사시 단기매매차익반환) 등을 이유로 경영참여를 하지 않기로 결정했다. 이에 따라 수탁자 전문위 위원들의 조 회장 이사 연임 반대 공감대 기류가 경영참여 주주권 행사인 위임장 대결로 이어지기는 어려운 것 아니냐는 전망도 나온다.

이 센터장의 위임장 대결 추진에 보건복지부 관계자는 "우리는 그 내용에 대해 알지 못한다. 개인행동으로 알고 있다. 국민연금은 자체 의사결정구조를 갖고 있다"고 했고, 다른 수탁자 전문위 위원은 "수탁자 전문위원회에서는 전혀 논의된 바 없다"고 선을 그었다.

출처 : 뉴스1, "국민연금 일각서 조양호 대한항공 이사 연임 반대 위임장 대결," 2019.2.7

주주소송

주주의 이익에 반하는 행동을 한 경영진을 대상으로 주주가 취할 수 있는 적극적인 행동의 또 다른 방법은 법을 이용하여 소송을 제기하는 것이다.

주주대표소송

주주대표소송은 소액주주들이 경영진의 전횡을 견제하기 위해 일정 지분 이상의 의결권을 모아서 법적인 소송을 제기하는 것이다(상법 제403조).

우리나라의 주주대표소송은 1962년 상법 제정 당시 도입된 바 있으나, 소액주주가 기업을 상대로 대표소송을 제기하는 데에는 높은 비용이 발생하고, 더구나 법에서 정한 보유지분 조건을 충족시키는데 더 큰 어려움이 있어 30년 넘게 실제적 효력이 없는 유명무실한 제도였다.

그러나 1997년 4월, 1998년 2월, 5월 등 여러 차례 증권거래법 개정을 통해서 보유지분 충족기준을 대폭 완화시키는 과정을 통해 우리나라에서도 주주대표소송이 이루어지기 시작했다. 우리나라에서 경영진을 상대로 한 주주대표소송에서 주주가 최초로 승소한 건은 1997년 제일은행 전·현직 이사들을 상대로 한 소송이다.

사례 8.3 주주대표소송

1997년 3월 7일 제일은행 주주총회장에 장하성 참여연대 경제민주화위원장과 박원순(현 서울시장) 사무처장 등이 모습을 나타냈다. 당시 제일은행은 한보그룹에 거액 대출을 제공한 이후 회수불가능한 부실채권을 무더기로 떠안은 상황이었다. 참여연대 측은 이러한 판단을 한 제일은행에 책임을 묻기 위해 주총발언권을 요청했지만, '총회꾼'까지 동원한 제일은행은 이들에게 발언기회를 주지 않고 주총을 서둘러 마무리했다. 그러자 참여연대는 소액주주를 대상으로 대대적인 캠페인을 벌여 주주대표소송에 필요한 주식을 모았고, 4명의 제일은행 이사진을 상대로 400억원의 손해배상을 요구하는 주주대표소송을 제기했다. 이듬해인 1998년 서울지법 민사17부는 참여연대 등 소액주주 61명이 참여한 이 소송에 원고(주주) 승소판결을 내렸고, 이 판결로 피고(제일은행 이사진 4명)는 400억원을 자신들이 제직한 제일은행에 배상해야 했다(이 소송은 이후 제일은행 측의 지분 전량감자 조치로 소액주주들이 원고자격을 상실하면서 회사(제일은행)가 원고로 대신 참여,

손해배상액이 10억원으로 낮춰져 2002년 대법원 최종판결을 받았다). 1962년 상법 제정으로 도입된 주주대표소송은 30년간의 '사문화' 기간을 거쳐 이렇게 국내에 처음 모습을 나타냈다.

출처 : 이데일리, "다중대표소송은 정말 위험한 룰인가," 2017.2.14

증권집단소송

증권집단소송이란 소액주주들이 경영진의 주가조작 · 분식회계 · 허위공시 등으로 피해를 입었을 경우 한 사람이 소송을 제기하여 승소하면 동일한 피해를 본 다른 주주들도 동일한 보상을 받을 수 있도록 한 제도이다. 우리나라에서는 증권집단소송제도가 2004년에 제정되어 자산규모 2조원 이상 기업은 2005년 1월부터, 2조원 미만은 2007년 1월부터 도입되었다.

증권집단소송제도의 도입배경은 소액주주의 경영진에 대한 견제기능을 강화하여 기업경영의 투명성을 높이기 위함이다. 증권집단소송제도의 도입 당시 기업과 경영진 측에서는 기업이 부담할 소송

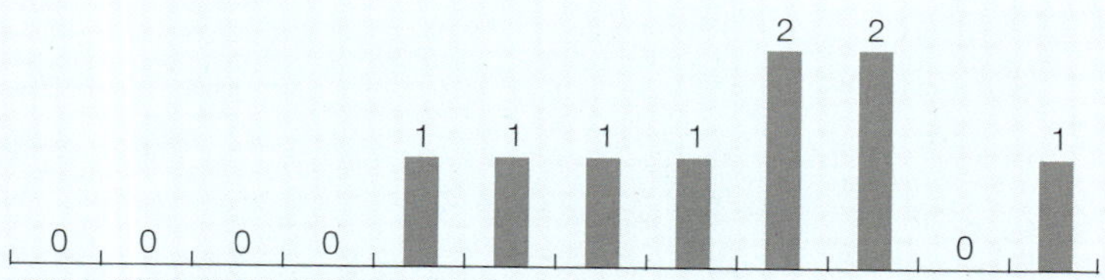

출처 : 한겨레, "증권집단소송 12년간 9건 '유명무실' 소송허가에만 51개월," 2017.1.22

[그림 8.3] 연도별 증권집단소송 건수

비용이 크고, 과도한 소송으로 인해 기업경영이 위축될 수 있다는 점 등을 들어 반대를 하였다.

그러나 우리나라에 증권집단소송이 도입된 지 14년 이상의 시간이 경과하였음에도 제기된 증권집단소송은 10건 이하이다. 그중 승소한 건수는 3건에 불과하다.

사례 8.4 증권집단소송

2005년 증권관련 집단소송법이 시행된 이후 최근까지 제기된 관련 집단소송 건수는 총 10건이다. 이 중 피해자들에 대한 배상으로 이어진 사건은 △진성티이씨의 키코 관련 분식 사건, △한화스마트 ELS 10 헤지운용사의 수익률 조작 사건, △한국투자증권 ELS 289 헤지운용사의 수익률 조작 사건 등 총 3건이다.

김 변호사는 "14년간 10건에 불과하다고 할 수 있지만 다른 한편으로는 우리나라에서 전혀 생소한 미국식 제도가 도입된 지 불과 14년 만에 10건의 사건에서 실제 활용됐고 그중 3건이 배상화해 또는 배상판결로 종결됐다는 건 긍정적"이라고 평가했다.

법 시행 4년 만인 2009년 첫 증권관련집단인 진성티이씨 사건은 소송을 제기한 원고는 2명에 불과했지만 소송허가절차에서 피해자가 총 1,718명인 것으로 드러나 이들 피해자 전체의 손해에 관해 일부배상을 명하는 화해결정이 이뤄졌다.

이들에게 지급된 배상액은 총 27억4,339만2,402원(현금 13억7,169만6,201원+주식 19만9,664주) 규모였는데 비록 미국의 집단소송 화해 액수와는 큰 차이가 있지만 피해자 집단 전체를 대상으로 현실적 배상이 이뤄졌다는 측면에서 의미가 있다고 김 변호사는 설명했다.

캐나다 왕립은행을 상대로 제기된 한화스마트 ELS 10 주가연계증권 기초자산 시세조종과 관련한 사건은 우여곡절 끝에 소송허가결정이 확정된 후 본안단계에서 화해가 성립돼 현재 분배절차가 진행중이다.

한화스마트 ELS 10 주가연계증권을 매입했다가 만기에 캐나다왕립은행의 시세조종으로 손실을 입은 투자자들은 총 412명인데 이들 중 142명은 별도의 공동소송을 제기했다가 화해방식으로 배상받았고 나머지 270명 중에서 제외신고를 한 4명을 제외한 266명에게 손해액의 110%를 배상하는 내용으로 화해가 이뤄졌다.

도이치은행을 상대로 한 소위 '한국투자증권 주가연계증권 289호' 사건 역시 주가연계증권 관련 시세조종 사건이다.

이 사건의 경우 피해자 26명이 일반 공동소송방식으로 소송을 제기해 18억원에 이자를 더한 손해배상을 청구했는데, 이 소송이 하급심과 대법원을 오가는 우여곡절 끝에 원고 전부 승소판결로 확정됐다.

그런데 똑같은 피해를 당한 피해자들을 구제하기 위한 증권관련 집단소송이 공동소송 진행중에 제기됐고 이 소송에선 나머지 피해자 전체가 입은 86억원에 이자를 더한 손해배상이 청구돼 2017년 1월 원고 전부승소판결이 내려졌다. 이후 도이치은행은 판결원리금 약 120억원을 가지급한 후 항소했지만 결국 2017년 7월자로 항소 취하해 판결이 확정됐고 현재 분배절차가 진행중이다.

이 사건에서 피해자 변론을 맡은 김 변호사는 "집단소송제로 26명이 아닌 전체 피해자들의 피해가 배상되고 도이치은행은 불법행위로 얻은 이익 이상의 배상을 해야 할 처지에 놓이게 된 셈"이라고 의의를 설명했다.

출처 : 뉴스1, "증권 도입 14년 10건 불과해도 구제 '한몫'," 2019.1.9

이와 같이 현실적으로 주주들의 적극적인 행동들이 기업지배구조를 개선시키기란 결코 쉬운 일이 아니다. 앞서 살펴본 주주행동주의의 방법들은 성공률이 매우 낮은 편이며, 막대한 비용을 발생시킨다. 즉 성공을 거두더라도 소액주주들이 주주행동주의를 위해 투입한 노력과 비용에 비해서 얻게 되는 효익이 그다지 크지 않은 경우가 많아 효과적인 감시활동이 아닐 경우도 많다.

요 약

본서는 기업을 둘러싼 내부 및 외부의 여러 통제장치들을 통해서 대리인 문제 해결을 위한 방안들을 검토해 왔다. 앞서 살펴본 것처럼 내부 및 외부의 기업지배구조 장치들이 제 역할을 수행하여 주주의 이익을 보호하는 것이 무엇보다 중요하다. 그러나 경영진의 도덕적 해이로 인해 경영이 부실화되고 기업가치 및 주식가격 하락이 발생했을 때 가장 직접적이고 큰 피해를 보는 당사자는 바로 주주이다. 따라서 이해당사자인 주주가 직접 기업경영의 감시자로서 적극적인 행동에 나서는 방법도 하나의 대안일 수 있다. 이를 주주행동주의라 한다. 과거 주주가 배당금수익과 시세차익에만 안주하던 모습에서 벗어나 기업지배구조 개선, 구조조정 등 폭넓게 기업경영에 적극적으로 관여하여 주주이익 극대화에 스스로 힘쓰는 것이다.

주주의 이익에 반하는 행동을 한 경영진을 대상으로 주주가 취할 수 있는 적극적인 행동은 주주총회에 참석하고, 의제와 의안을 제출하며, 위임장 대결을 하고, 투표를 하는 것이다. 즉 주주들은 주주총회에 참석하여 주주의 이익에 반하는 행동을 하는 이사들을 해임하기 위한 투표를 하거나, 기업의 운영방법을 변화시키기 위해 주주총회에 의제와 의안을 제안하거나, 위임장 대결을 하는 등의 방법을 취할 수 있다. 그리고 다른 방법으로는 법을 이용하여 기업가치를 훼손시킨 경영진을 상대로 한 소송을 제기하는 것이다.

그러나 현실적으로 이와 같은 주주들의 적극적인 행동들이 기업지배구조를 개선시키기란 결코 쉬운 일이 아니다. 이러한 방법들은 성공률이 매우 낮은 편이며, 막대한 비용을 발생시킨다. 즉 성공을 거두더라도 소액주주들이 주주행동주의를 위해 투입한 노력과 비용에 비해서 얻게 되는 효익이 크지 않은 경우가 많아 효과적인 감시활동이 아닐 경우도 많다.

우리나라는 1997년 외환위기를 겪으면서 기업지배구조 개선의 필요성을 인식하였다. 그로부터 20년 이상의 세월이 흐르는 동안 기업지배구조 개선을 위한 많은 노력들이 사회 다방면에서 이루어져 왔다. 그럼에도 불구하고 여전히 기업지배구조 문제들은 산재되어 있다. 이는 단순히 다른 나라의 기업지배구조를 그대로 모방하는 것만으로는 우리 사회의 기업지배구조 문제가 완전히 해결될 수 없다는 교훈이라 하겠다. 따라서 무엇보다 우리 기업에 맞는 한국형 기업지배구조 구축이 필요한 시점이다. 지속적으로 우리 기업에 맞는 지배구조를 어떻게 만들어 갈 것인가에 대한 충분한 논의가 이루어져야 할 것이다.

참고 1 : 주주총회 관련 「상법」 조항

제362조(소집의 결정) 총회의 소집은 본법에 다른 규정이 있는 경우 외에는 이사회가 이를 결정한다.

제363조(소집의 통지, 공고) ① 주주총회를 소집할 때에는 주주총회일의 2주 전에 각 주주에게 서면으로 통지를 발송하거나 각 주주의 동의를 받아 전자문서로 통지를 발송하여야 한다. 다만, 그 통지가 주주명부상 주주의 주소에 계속 3년간 도달하지 아니한 경우에는 회사는 해당 주주에게 총회의 소집을 통지하지 아니할 수 있다.
② 제1항의 통지서에는 회의의 목적사항을 적어야 한다.
③ 회사가 무기명식 주권을 발행한 경우에는 주주총회일의 3주 전에 총회를 소집하는 뜻과 회의의 목적사항을 공고하여야 한다.
④ 제1항 및 제3항에도 불구하고 자본금 총액이 10억원 미만인 회사가 주주총회를 소집하는 경우에는 주주총회일의 10일 전에 각 주주에게 서면으로 통지를 발송하거나 각 주주의 동의를 받아 전자문서로 통지를 발송할 수 있고, 무기명식의 주권을 발행한 경우에는 주주총회일의 2주 전에 주주총회를 소집하는 뜻과 회의의 목적사항을 공고할 수 있다.
⑤ 자본금 총액이 10억원 미만인 회사는 주주 전원의 동의가 있을 경우에는 소집절차 없이 주주총회를 개최할 수 있고, 서면에 의한 결의로써 주주총회의 결의를 갈음할 수 있다. 결의의 목적사항에 대하여 주주 전원이 서면으로 동의를 한 때에는 서면에 의한 결의가 있는 것으로 본다.
⑥ 제5항의 서면에 의한 결의는 주주총회의 결의와 같은 효력이 있다.
⑦ 서면에 의한 결의에 대하여는 주주총회에 관한 규정을 준용한다.
⑧ 제1항부터 제5항까지의 규정은 의결권 없는 주주에게는 적용하지 아니한다.

제363조의2(주주제안권) ① 의결권 없는 주식을 제외한 발행주식총수의 100분의 3 이상에 해당하는 주식을 가진 주주는 이사에게 주주총회일(정기주주총회의 경우 직전 연도의 정기주주총회일에 해당하는 그 해의 해당일. 이하 이 조에서 같다)의 6주 전에 서면 또는 전자문서로 일정한 사항을 주주총회의 목적사항으로 할 것을 제안(이하 '주주제안'이라 한다)할 수 있다. 〈개정 2009.1.30〉

② 제1항의 주주는 이사에게 주주총회일의 6주 전에 서면 또는 전자문서로 회의의 목적으로 할 사항에 추가하여 당해 주주가 제출하는 의안의 요령을 제363조에서 정하는 통지와 공고에 기재할 것을 청구할 수 있다. 〈개정 2009.1.30〉

③ 이사는 제1항에 의한 주주제안이 있는 경우에는 이를 이사회에 보고하고, 이사회는 주주제안의 내용이 법령 또는 정관을 위반하는 경우와 그 밖에 대통령령으로 정하는 경우를 제외하고는 이를 주주총회의 목적사항으로 하여야 한다. 이 경우 주주제안을 한 자의 청구가 있는 때에는 주주총회에서 당해 의안을 설명할 기회를 주어야 한다. 〈개정 2009.1.30〉 [본조신설 1998.12.28]

제368조(총회의 결의방법과 의결권의 행사) ① 총회의 결의는 이 법 또는 정관에 다른 정함이 있는 경우를 제외하고는 출석한 주주의 의결권의 과반수와 발행주식총수의 4분의 1 이상의 수로써 하여야 한다.

② 무기명식의 주권을 가진 자는 회일의 1주간 전에 그 주권을 회사에 공탁하여야 한다.

③ 주주는 대리인으로 하여금 그 의결권을 행사하게 할 수 있다. 이 경우에는 그 대리인은 대리권을 증명하는 서면을 총회에 제출하여야 한다.

④ 총회의 결의에 관하여 특별한 이해관계가 있는 자는 의결권을 행사하지 못한다.

제368조의3(서면에 의한 의결권의 행사) ① 주주는 정관이 정한 바에 따라 총회에 출석하지 아니하고 서면에 의하여 의결권을 행사할 수 있다.
② 회사는 총회의 소집통지서에 주주가 제1항의 규정에 의한 의결권을 행사하는 데 필요한 서면과 참고자료를 첨부하여야 한다.

제369조(의결권) ① 의결권은 1주마다 1개로 한다.
② 회사가 가진 자기주식은 의결권이 없다.
③ 회사, 모회사 및 자회사 또는 자회사가 다른 회사의 발행주식의 총수의 10분의 1을 초과하는 주식을 가지고 있는 경우 그 다른 회사가 가지고 있는 회사 또는 모회사의 주식은 의결권이 없다.

참고 2 : 주주대표소송 관련 「상법」 조항

제403조(주주의 대표소송) ① 발행주식의 총수의 100분의 1 이상에 해당하는 주식을 가진 주주는 회사에 대하여 이사의 책임을 추궁할 소의 제기를 청구할 수 있다.

② 제1항의 청구는 그 이유를 기재한 서면으로 하여야 한다.

③ 회사가 전항의 청구를 받은 날로부터 30일 내에 소를 제기하지 아니한 때에는 제1항의 주주는 즉시 회사를 위하여 소를 제기할 수 있다.

④ 제3항의 기간의 경과로 인하여 회사에 회복할 수 없는 손해가 생길 염려가 있는 경우에는 전항의 규정에 불구하고 제1항의 주주는 즉시 소를 제기할 수 있다.

⑤ 제3항과 제4항의 소를 제기한 주주의 보유주식이 제소 후 발행주식총수의 100분의 1 미만으로 감소한 경우(발행주식을 보유하지 아니하게 된 경우를 제외한다)에도 제소의 효력에는 영향이 없다.

⑥ 회사가 제1항의 청구에 따라 소를 제기하거나 주주가 제3항과 제4항의 소를 제기한 경우 당사자는 법원의 허가를 얻지 아니하고는 소의 취하, 청구의 포기 · 인락 · 화해를 할 수 없다.

⑦ 제176조 제3항, 제4항과 제186조의 규정은 본조의 소에 준용한다.

복습문제

(1) 주주행동주의란 무엇인가?

(2) 주주가 주주이익에 반하는 경영진을 견제하기 위하여 취할 수 있는 적극적인 행동에는 어떠한 것들이 있는가?

(3) 주주행동주의가 현실적으로 성공하기 어려운 이유는 무엇인가?

(4) 정기 주즈총회의 안건에는 어떠한 것들이 있는가?

(5) 의결권이란 무엇인가?

(6) 주주총회에서의 결의방법에는 어떠한 것들이 있는가?

(7) 개별 주주와 경영진 간의 이사 교체와 관련된 위임장 대결에서 개별 주주가 승리하기가 어려운 이유는 무엇인가?

(8) 주주대표소송이 1962년 상법 제정 당시 도입되었으나 실제적 효력이 없었던 이유는 무엇인가?

(9) 증권집단소송이란 무엇인가?

토론문제

(1) 주주행동주의가 지닌 어떠한 면이 경영진을 감시하고 견제하는 데 보다 효과적일 것이라 생각하는가? 주주행동주의가 효과적이려면 어떤 변화가 필요하다고 생각하는지 논의해보자.

(2) 주주행동주의는 효과가 있다고 생각하는가? 실제 사례를 제시하고, 효과를 분석하여 논의해보자.

(3) 우리나라에서 주주제안서는 어느 정도 채택되고 있는지 조사해보고, 왜 그러한 현상이 발생하고 있는지에 대해서 논의해보자.

(4) 우리나라에서 위임장 대결이 발생한 실제 사례가 있는지 조사해보고, 왜 그러한 현상이 발생하고 있는지에 대해서 논의해보자.

(5) 우리나라에서의 주주소송에 대한 실제 사례를 제시하고, 주주들의 주장과 경영진들의 주장이 서로 어떻게 대립하였는지에 대해서 논의해보자.

(6) 우리나라에서 소액투자자는 기업지배구조에 영향을 어느 정도 미치고 있다고 생각하는가? 그 이유를 설명해보자.

(7) 우리나라에서 소액주주들이 이사를 교체하는 일은 쉬운 일인가? 실제 사례를 제시하고, 왜 그런 현상이 발생하고 있는지에 대해서 논의해보자.

(8) 우리나라에서 소액주주의 활동이 보다 효과적이려면 어떠한 제도적 개선이 필요한지에 대해서 논의해보자.

찾아보기

[ㅇ]

[ㅈ]

[ㅊ]

[ㅋ]

[ㅌ]

저자약력

현재 연세대학교 경영학부 교수로 재직중이다. 연세대학교 학부와 일반대학원, MBA과정에서 회계학 및 기업지배구조를 가르치며 '연세대학교 강의우수교수'로 매년 선정되었고, 2018년에는 교육부문에서의 탁월한 업적을 인정받아 '연세대학교 교육부문 우수업적교수'로 선정되었다. 회계학 및 기업지배구조와 관련된 다양한 연구를 수행하여 한국회계학회가 선정하는 '2008년 회계학 우수학위논문상', 한국공인회계사회가 선정하는 '2008년 회계학 우수논문상'을 수상하였다. 저서로는 『IFRS 회계원리』, 『관리회계원리』가 있으며, SSCI에 등재된 국제학술지에 4편, 한국연구재단에 등재된 국내학술지에 30여편의 논문을 발표하였다.

자본주의의 감시자들 : 기업지배구조와 대리인 문제

2020년 3월 25일 제1판 1쇄 인쇄
2020년 3월 30일 제1판 1쇄 발행

저　자　최 종 원
발행인　권 영 섭
발행처　(주)신영사

경기도 파주시 심학산로 12(출판문화단지)
등　록 : 1988. 5. 2 / 제406-1988-000020호
전　화 : 031-946-2894(代)
F A X : 031-946-0799
e-mail : sys28945@naver.com
홈페이지 : http://www.shinyoungsa.co.kr

정가 15,000원　ISBN 978-89-5501-731-1